AVANT-PROPOS

La publication de cette brochure, venant à la suite des travaux du Congrès de Toulouse et consacrant les travaux des Congrès de Paris et de Lyon, sera un auxiliaire précieux pour les Camarades syndiqués, qui y trouveront tous les détails sur les questions qui furent discutées au Congrès de Toulouse.

Ce Congrès, selon l'avis de beaucoup de Camarades qui y assistèrent et aussi par la publicité que la presse y donna, marquera dans les annales de la corporation infirmière un pas vers l'obtention des revendications que les organisations ont formulées auprès des Pouvoirs publics et des Administrations respectives.

La tâche que le Congrès a donné au Bureau fédéral est des plus ardues, puisque toutes les graves questions sont renvoyées au Comité, il suffira cependant que tous les Camarades y mettent du leur pour que cette tâche ne soit pas au-dessus des volontés des Camarades qui ont entrepris de mener à bien la marche de la Fédération.

Les Organisations syndicales d'Infirmiers, qui, il y a cinq ans, ne comptaient pas dans le mouvement ouvrier, commencent à poindre et bientôt elles occuperont une des premières places en raison du nombre de leurs adhérents; la propagande commencée dans les centres où des Syndicats n'existent pas, et la venue à la Fédération d'Organisations nouvelles depuis le dernier Congrès est un sûr garant que rien n'a été épargné; c'est la récompense suffisante pour que chacun, avec son tempérament, dans sa sphère d'action, fasse une propaande suffisante pour que la réalisation des décisions votées au Congrès soit résolue.

Fédération des Services de Santé

DE FRANCE ET DES COLONIES

3e Congrès Corporatif

TENU A TOULOUSE

les 1er, 2, 3, 4 et 5 Septembre 1909

BOURSE DU TRAVAIL

Travailleurs  Unissez-vous

Prix : 50 Centimes

BOURGES
IMPRIMERIE OUVRIÈRE DU CENTRE
OUVRIERS SYNDIQUÉS ET FÉDÉRÉS
3, Rue du Prinal, 3
1909  1909

Fédération des Services de Santé
DE FRANCE ET DES COLONIES

3e Congrès Corporatif

TENU A TOULOUSE

les 1er, 2, 3, 4 et 5 Septembre 1909

BOURSE DU TRAVAIL

Travailleurs  Unissez-vous

Prix : 50 Centimes

BOURGES
IMPRIMERIE OUVRIÈRE DU CENTRE
OUVRIERS SYNDIQUÉS ET FÉDÉRÉS
3, Rue du Prinal, 3
1909  1909

C'est le vœu le plus cher que le Bureau de la Fédération formule en présentant cet ouvrage aux Camarades syndiqués.

Plus de douze questions furent traitées au Congrès de Toulouse; une double besogne s'imposait: mesures administratives, constitutives; mesures d'action, de réalisation.

L'entente et la réciproque solidarité peuvent suffire pour réaliser ces modestes désirs.

Plus que jamais, unissons-nous donc; Syndicats, ne restez pas isolés, fédérez-vous, soyez confédérés.

E. DUVAL,

Secrétaire de la Fédération des Services de Santé.

Ordre du Jour du Congrès

1° Vérification des mandats des Délégués;

2° Rapport moral et financier;

3° Intégralité des salaires, Services de veille;

4° Laïcisation des Services hospitaliers;

5° Municipalisation des Services hospitaliers;

6° Congés annuels;

7° Lois ouvrières, retraites, accidents du travail, hygiène, repos hebdomadaire, journée de 8 heures;

8° Conseil de discipline (base prud'homale);

9° Cours professionnels dans les Bourses du Travail, Nationalisation du diplôme;

10° Participation de délégués infirmiers dans les Commissions d'administration des Hôpitaux, Hospices et Asiles;

11° Congrès de deux en deux années, choix de la ville où aura lieu le prochain Congrès (proposition de Nice : à Nice).

12° Election du Bureau fédéral.

LISTE DES ORGANISATIONS ET DES DÉLÉGUÉS

Syndicat des Infirmiers de l'Asile de Cadillac,	RAYNAL.
Syndicat des Infirmiers des Hôpitaux de Marseille,	DEUTSCHER.
Syndicat des Infirmiers de l'Asile de Mont-Perrin,	CAZES et Mme OUSTRIC.
Syndicat des Infirmiers de l'Asile de Bron,	BICHON.
Syndicat des Hôpitaux de Toulon,	CHABERT.
Syndicat du Personnel non gradé des Hôpitaux, Paris,	MERMA.
Syndicat des Infirmiers des Asiles de la Seine,	CONORD.
Syndicat des Infirmiers des Asiles Nationaux,	VALLENTIN.
Syndicat du Personnel gradé de l'Assistance Publique,	DUVAL.
Syndicat des Infirmiers des Hôpitaux de Toulouse,	RAYNAL.
Syndicat du Personnel de surveillance de l'Asile de Saint-Lizier,	DUVAL.
Syndicat des Infirmiers des Hôpitaux de Montpellier,	VIGUIER.
Syndicat des Infirmiers des Hôpitaux de Nice,	MICHELETTI.
Syndicat des Infirmiers des Hospices de Lyon,	PEILLOD.
Syndicat des Infirmiers de l'Asile de Pierrefeu,	GRIGLIONE.
Syndicat des Infirmiers des Hôpitaux de Carcassonne,	NEYROLES et CABANIER.
Fédération des Services de Santé,	DUVAL et JAUBOURG.

COMPTE RENDU DES TRAVAUX

Séance du 1er Septembre (matin)

La séance est ouverte par le Camarade Raynal, Président du Syndicat des Infirmiers de Toulouse, assisté des Camarades du Comité d'organisation du Congrès.

Le Camarade Raynal, au nom de l'organisation Toulousaine, souhaite la bienvenue aux Camarades Congressistes; l'heure n'est plus aux discours, dit-il, je me bornerai donc simplement à vous remercier d'être venus aussi nombreux à Toulouse assister aux troisièmes assises de la Fédération, et je puis vous assurer sans trop m'avancer que vous trouverez auprès des Syndiqués Toulousains l'accueil le plus cordial et la sympathie la plus grande. (*Applaudissements.*)

Les Camarades Congressistes verront que nous n'avons rien négligé, et, pour clôturer ce Congrès, je demanderai aux Camarades de rester un jour de plus parmi nous pour assister au banquet de clôture, qui aura lieu le Dimanche 5 septembre, à Aucamville.

Le Camarade Raynal demande aux Camarades Congressistes de bien vouloir envoyer un nom pour continuer de présider cette séance, ayant terminé sa mission; de toutes parts l'on demande que la Commission d'organisation continue à présider.

Chabert, *de Toulon*. — Avant que de commencer l'ordre du jour du Congrès, je demanderai aux Camarades présents de voter l'ordre du jour suivant:

> Le Congrès de la Fédération des Services de Santé se solidarise avec les Camarades de la Conférence Internationale, réunis au Meeting contre la Guerre, et leur envoie un salut fraternel. Il transmet, en outre, une adresse de sympathie aux Camarades Suédois qui sont en grève générale.

La proposition du Camarade Chabert est adoptée, et le Congrès charge le Secrétaire fédéral de faire le nécessaire.

On passe à la vérification des mandats des Délégués.

Les villes dont les noms suivent sont acceptées pour assister au Congrès de Toulouse 1909, savoir: Paris, quatre mandats; Lyon, deux mandats; Cadillac, Nice, Marseille, Mont-Perrin (Aix), Toulon, Toulouse, Saint-Lizier, Montpellier, Pierrefeu et Carcassonne.

DUVAL pose une question au sujet des mandats et demande si toutes les organisations représentées au Congrès remplissent bien les conditions énoncées à l'article 4 des Statuts de la Fédération.

CHABERT demande un mot sur le mandat de Nice; il demande au Camarade Micheletti si son Syndicat est adhérent à la Bourse du Travail ou à l'Union des Syndicats.

DUVAL. — J'allais à peu près poser la même question, car j'avais vu dans *La Voix du Peuple* du 22 au 29 août un entrefilet ayant trait à cette question.

MICHELETTI. — Notre Syndicat est resté adhérent à la Fédération des Alpes-Maritimes, et c'est cette dernière qui est à la Confédération.

L'ordre du jour appelle le COMPTE RENDU MORAL.

CHABERT demande à ce que l'on passe cette question, la majorité des Délégués n'étant pas présents.

MERMA. — Il y a urgence à ce que l'on attende le Camarade Peillod, qui est le principal intéressé sur cette question.

A la suite de l'observation des Camarades, le Congrès décide de renvoyer la lecture du compte-rendu moral à demain à la séance du matin.

CHABERT. — J'ai, au nom du Syndicat des Infirmiers de Toulon, un rapport à présenter aux Camarades Congressistes sur une question qui n'est pas à l'ordre du jour, mais qui vient d'avoir son écho dans toute la presse:

Rapport présenté au Congrès de Toulouse par le Camarade Chabert, du Syndicat de Toulon, sur le décret du 22 Juillet 1909: Organisation d'un Personnel d'Infirmières laïques dans les Hôpitaux militaires.

Camarades,

Nous ne pouvons qu'applaudir à cette heureuse innovation ; elle ouvre une carrière très honorable à nos Camarades femmes, en même temps qu'elle améliore sensiblement le traitement des hospitalisés.

Ainsi, la plupart des réclamations que nous avons présentées en vain à nos Administrations respectives entrent dans le domaine des réalisations par la seule application du décret à une nouvelle catégorie d'employés.

En citant cet exemple, susceptible d'influencer nos Administrateurs réfractaires à toute amélioration, nous nous permettrons, cependant, tout en asquiesçant aux raisons qui ont motivé ce décret, d'émettre quelques observations.

A l'article 3, nous trouvons que les Infirmières stagiaires ayant dépassé l'âge de 25 ans n'ont pas droit au minimum de retraite.

Il y aurait lieu, à mon avis, de formuler une protestation, car l'on doit traiter toutes les Infirmières admises sur le même pied ; si l'âge de l'admission va jusqu'à 35 ans, le droit à la retraite doit aller jusqu'à cet âge.

A part cette remarque, mon opinion très affirmative de l'excellence du décret, qui marque un sensible progrès acquis, est que la date du premier concours se trouve trop rapprochée (18 Septembre). Beaucoup de nos Camarades, incontestablement prises au dépourvu, n'ont pas eu le temps matériel de se préparer à l'épreuve.

Le Congrès pourrait émettre le vœu que ce concours soit renvoyé à deux ou trois mois, par exemple ; ensuite, que le paragraphe de l'article 3, relatif aux retraites, soit modifié dans le sens des indications données plus haut.

Enfin, que des démarches soient effectuées auprès du Ministre de la Marine, afin qu'il prenne la même mesure que son Collègue de la Guerre.

Nous croyons, Camarades, que ces demandes ne sont pas exagérées et que nous sommes en droit d'espérer les voir bientôt nous être accordées.

Le Délégué de Toulon,
L. CHABERT.

CHABERT voudrait voir la discussion sur le décret luimême.

MICHELETTI demande si nous devons discuter le rapport que demande Chabert.

VALLENTIN. — Il n'y a pas lieu de discuter pendant deux heures ; il s'agit de savoir si l'on va discuter le rapport et le décret aujourd'hui ou le renvoyer à demain ou à une Commission que l'on pourrait nommer.

DEUTSCHER demande à ce que l'on discute article par article et que l'on nomme une Commission pour cette question.

DUVAL demande que l'on renvoie cette question à une Commission, car ce n'est pas en Congrès que l'on arrivera à liquider une question semblable, qui demande tant d'étude.

MERMA est de l'avis du Camarade Duval et demande à ce que l'on nomme la Commission de suite, de façon qu'elle puisse travailler cette après-midi.

On passe à la nomination de la Commission. Sont nommés : Merma, Deutscher, Chabert, Conord et Bichon.

La Commission est chargée de rédiger un rapport sur la question et de le présenter à une prochaine séance du Congrès.

VIGUIER. — J'ai l'honneur de déposer au Congrès un travail sur les conditions des heures de travail, de la garde, du service de veille, des repas, du repos hebdomadaire, de la caisse de retraite et des traitements du personnel des villes dont les noms suivent : *Toulouse, Nancy, Orléans, Le Havre, Blois, Dijon, Limoges, Nîmes, Troyes, Moulins, Tulle, Draguignan, Montpellier, Paris, Bordeaux, Chambéry, Saint-*

Etienne, Pau, Nice, Melun, Mâcon, Poitiers, Clermont-Ferrand, Le Mans, Amiens, Marseille, Angers, Evreux, Nantes, Perpignan, Tours, Valence, Brest et Verdun, et je demanderai à ce que ce travail soit versé aux archives de la Fédération.

DUVAL demande au Camarade Viguier s'il tient ce travail de Camarades qui seraient dans les Hospices et Hôpitaux qui figurent sur le rapport qu'il vient de fournir.

VIGUIER répond qu'il tient ces renseignements des Administrations mêmes des Hospices, Hôpitaux et Asiles, et voudrait voir tous les Camarades fournir, si possible, une statistique semblable pour les archives de la Fédération des Services de Santé, qui a tant besoin de documents.

MERMA dépose la motion suivante :

Le Congrès invite les Secrétaires des Syndicats adhérents d'adresser, dans le plus bref délai possible, au siège de la Fédération, les décrets ou réglements régissant les diverses Administrations hospitalières.

F. MERMA,
Non gradés de Paris.

Le Camarade DEUTSCHER, *de Marseille*, dépose la motion suivante :

Le Syndicat du Personnel des Services de Santé des Bouches-du-Rhône, réuni en Assemblée générale le 19 Août, à la Bourse du Travail de Marseille, après avoir pris connaissance du rapport du docteur Grinda, Conseiller municipal de Nice et rapporteur devant cette Assemblée du projet de création d'un nouvel Hôpital dans cette ville, a voté l'ordre du jour suivant :

« Considérant que dans l'exposé de ce rapport le docteur Grinda s'est montré non seulement soucieux d'assurer aux malades tout le confort d'hygiène que la science moderne a rendu obligatoire, mais que dans une noble pensée d'équité il a associé le Personnel hospitalier aux mêmes conditions de bien-être moral et matériel ; qu'en cherchant à élever le niveau moral de ce Personnel tant méconnu et en se montrant humain à son égard, il a jeté un stimulant de zèle et de dévouement dont les malades seront les premiers bénéficiaires ;

Le Syndicat du Personnel des Services de Santé des Bouches-du-Rhône, tout en poursuivant énergiquement l'externat facultatif pour tout le personnel, adresse au docteur Grinda ses plus chaleureuses félicitations et donne mandat à son délégué de porter cet ordre du jour devant le Congrès corporatif de Toulouse.

Le Délégué de Marseille,
DEUTSCHER.

Le Congrès aborde ensuite comment seront tenues les séances.

DUVAL propose que, puisque nous ne pouvons commencer

la discussion du Compte rendu moral, l'on renvoie la discussion à la séance de demain matin, et qu'il y ait une séance le matin et une l'après-midi; celle du matin commencera à 8 heures et celle de l'après-midi à 2 heures.

Le Congrès adopte cette manière de voir et laisse l'après-midi pour la correspondance des Délégués et aussi pour aller au devant des Délégués qui ne sont pas arrivés.

La séance est levée à midi.

Séance du 2 Septembre (matin)

La séance est ouverte à 9 h. ½, sous la présidence du camarade CHABERT, *de Toulon.*

Le Camarade Duval, Secrétaire de la Fédération, a la parole pour la lecture du Compte rendu moral; il expose que les organisations ont reçu, il y a environ trois semaines, le Compte rendu moral, afin de pouvoir l'étudier et demander des explications sur certains passages, et ne croit pas qu'il soit nécessaire d'en donner lecture ici, puisque tous les Camarades l'ont en leur possession.

COMPTE RENDU MORAL

Au lendemain de Lyon

Camarades,

Le dernier jour du Congrès de 1908, tenu à Lyon, vous me fîtes l'honneur d'être le Secrétaire de la Fédération des Services de Santé ; je vous faisais cependant entrevoir les raisons pour lesquelles je ne pouvais pas accepter pareil poste ; vous n'en tinrent pas compte et j'assumais la lourde responsabilité de mener à bien la Fédération jusqu'au prochain Congrès.

Les travaux du Congrès de Lyon terminés, je m'en allais déjà remplir un de nos actes du Congrès, je me rendis à Marseille pour assister au Congrès Confédéral, mais là n'était pas seulement la besogne que j'avais à faire, je devais me rappeler que la Fédération avait pour but de former des Syndicats où il n'y en avait pas ; de faire de la propagande, et entre temps des réunions du Congrès, j'allais voir les Camarades des Hôpitaux, et une réunion fut organisée pour essayer de monter un Syndicat ; cette réunion eut lieu à la Bourse du Travail, les camarades Denoual, Doria, de Toulon ; Griglione, de Pierrefeu, et Simon, d'Aix, me prêtèrent la main, et nous fondions le Syndicat des Services de Santé des Bouches-du-Rhône.

A la suite du Congrès Confédéral, je dus m'arrêter à Lyon

de nouveau pour relire le Compte rendu du Congrès de Lyon avant que d'envoyer la copie à l'imprimerie pour l'édition des brochures.

Revenu dans Paris, il fallut me mettre immédiatement à l'ouvrage, une circulaire fut envoyée aux Syndicats de province pour leur demander le nombre de brochures qu'ils prendraient.

Propagande

Autant, sinon plus que l'année précédente, la Fédération s'attacha à l'intérêt de la propagande syndicale et fédérale.

S'il y avait, à ce sujet, quelques incrédules à convaincre, la tâche serait facile. Une énumération partielle de la propagande faite dans l'année vous donnera une idée exacte de ce qui fut fait. Sous ce rapport, on ne peut dire qu'elle ait failli à son rôle d'organisation et d'éducation.

La Fédération avait organisé en 1908 un meeting à la Bourse du Travail et cette année, suivant les décisions du Congrès de Lyon, des meetings eurent lieu le même jour et à la même heure dans les différentes villes où la Fédération possède des Syndicats ; d'après les résultats que nous avons connus par la presse, nous voyons que rien n'a été épargné.

A l'appel de la Fédération suivant :

FÉDÉRATION DES SERVICES DE SANTÉ DE FRANCE ET DES COLONIES

A LA CORPORATION INFIRMIÈRE TOUT ENTIÈRE

Notre situation, malgré les réclamations justifiées que nous avons adressées aux Municipalités, aux Administrations des Hospices, à l'Assistance Publique, reste toujours précaire.

Ces revendications, nous allons les énumérer à nouveau et les porter à la connaissance de toute la population, à savoir :

Intégralité des salaires, congés annuels, laïcisation et municipalisation des Services hospitaliers et la retraite.

Le Personnel hospitalier est, parmi la classe ouvrière, celui qui accomplit une besogne dure et dangereuse, pour un salaire de 33 francs par mois à Paris et de 18 à 30 francs en province ; la journée de travail est encore dans certains hospices et asiles de 18, 20 et même 24 heures de service. Des cahiers de revendications furent soumis, par les Syndicats adhérents à la Fédération, aux Municipalités et, devant la situation présente, la Fédération a décidé de mener toute l'agitation nécessaire pour une grande question de principe.

Laïcisation des Services hospitaliers, tel est à notre point de vue la solution qui apportera un remède à la situation actuelle du personnel. Mais nous voulons que celle-ci soit faite avec toutes ses conséquences, c'est-à-dire que, du jour où la laïcisation sera faite, il y ait relèvement moral de l'infirmier, en lui assurant un traitement en rapport avec les exigences de la vie actuelle.

La Fédération, dans son 3e Congrès qui va avoir lieu à Toulouse au commencement de septembre, aura à discuter parmi les principales questions : L'INTÉGRALITÉ DES SALAIRES ; LAÏCISATION ET MUNICIPALISATION DES SERVICES ; CONGÉS ANNUELS ; APPLICATION DES LOIS OUVRIÈRES ET LA RETRAITE, ETC.

D'ici peu, les Conseils municipaux vont reprendre leurs travaux et les revendications des Infirmiers seront encore l'objet de discussion ; il appartiendra à la classe infirmière de prendre des décisions énergiques. Nous avons pensé que l'organisation d'une démonstration nationale sur ces questions aurait une répercussion sur les Pouvoirs publics, sur la classe ouvrière tout entière.

Aussi, Camarades Infirmiers, Infirmières, Gardes-Malades libres, assistez tous en masse au

GRAND MEETING

qui aura lieu le Samedi 31 Juillet 1909, à 8 h. ½ précises du soir, Grande Salle de la Bourse du Travail, 3, rue du Château-d'Eau.

ORDRE DU JOUR

Situation actuelle des Infirmiers en général ; Laïcisation et Municipalisation des Services hospitaliers ; Intégralité des Salaires ; Retraites ; Campagne à entreprendre à ce sujet.

ORATEURS INSCRITS

Duval, Secrétaire de la Fédération ; Jouhaux, Secrétaire de la C. G. T. ; Merma, du Syndicat des Non-Gradés ; Le Guerry, de la C. G. T. ; Marie, de l'Union des Syndicats ; Roche, des Travailleurs Municipaux ; Gaubert, des Asiles de la Seine ; Jaubourg, Trésorier de la Fédération ; Godchaux-Brunschwig, de la Ligue des Droits de l'Homme.

MM. les Conseillers municipaux, Députés et Sénateurs de la Seine, sont invités à assister à cette Réunion.

Camarades,

Vous vous ferez un devoir de venir en grand nombre au Meetings du 31 juillet, si vous voulez une amélioration à votre sort, si vous voulez voir les revendications que vous avez formulées, accueillies par le Conseil municipal.

Si au contraire, vous trouvez que votre situation est enviable, restez indifférents, ne vous dérangez pas ; mais dites bien que vous êtes les coupables de la situation que nous subissons actuellement.

Le Comité Fédéral.

Nos espérances furent dépassées, la Grande Salle de la Bourse du Travail fut trop petite ; nos Camarades, qui, il y a encore un an, ne savaient pas ce que le mot Fédération voulait dire, se dérangent maintenant à ses Appels.

Journal fédéral

Pour constituer la propagande rien ne pouvait mieux être que le journal fédéral ; le Congrès de Lyon, du reste, avait donné mandat au nouveau Bureau de la Fédération de faire paraître, à partir de janvier 1909, l'organe de la Fédération.

Quel serait ce journal ; il sera le précurseur de l'idée de Syndicat dans les centres infirmiers où il y aura possibilité de créer un Syndicat ; il sera le fidèle soutien de nos revendications.

Le Comité fédéral à la suite de l'examen des prix donnés par différents Camarades et sur le format du journal, l'on décida que l'on conserverait le même format que l'**Action** des Non-Gr... s et que l'impression se ferait à Bourges.

Réunions du Comité fédéral — Décisions

Le Comité fédéral s'est réuni chaque fois qu'il a été nécessaire pour la bonne marche de la Fédération.

Le Comité fédéral prit les décisions qu'il jugea nécessaires : Abonnement au **Mouvement Socialiste**, de Lagardelle ; Abonnement, par moitié avec le Syndicat de Paris, au **Courrier de la F... sse.**

Le Comité ayant jugé l'abonnement à ces publications comme nécessaire pour la bonne marche de la Fédération.

Rapports du Bureau et des Syndicats de Province

La correspondance se ressent naturellement de l'ampleur de la propagande faite dans certaines villes pour arriver à créer des Syndicats ; elle ne permet pas maintenant au Secrétaire de se laisser déborder, surtout que les journaux fédéraux, de Bourses du Travail, de brochures à l'adresse de la Fédération, viennent plus nombreuses à mesure que la Fédération se fait connaître ; le meeting du 31 juillet nous fait prendre corps avec la classe ouvrière tout entière .

Cependant, un point n'est pas tranché entre le Bureau et les Syndicats, et de nombreuses discussions vinrent à ce sujet plusieurs fois au Comité fédéral et les incidents de juin-juillet 1909 viennent pour donner appui à des décisions que le Congrès devra prendre pour éviter de pareils faits.

A qui doit être adressée la correspondance, demandes de renseignements, etc. ?

Quel est le rôle du Trésorier ?

Ces deux questions devront être examinées avec le plus grand soin pour le bien de la Fédération et pour que l'un n'empiète pas sur les prérogatives de l'autre.

Les organisations doivent aussi correspondre plus souvent avec la Fédération et aussi avec leur délégué au Comité fédéral.

Incidents — Conflits

Je faisais remarquer dans le paragraphe Rapport du Bureau, qu'il y avait utilité à ce que la correspondance soit échangée régulièrement entre la Fédération et les Syndicats.

Différentes lettres amenèrent au Comité fédéral des discussions qui, si les lettres étaient envoyées où elles le devaient, ne se seraient pas produites.

Ici encore, une lettre communiquée par Jaubourg, dans la réunion du 2 juin 1909, amena les pires difficultés entre le Bureau et le Syndicat de Lyon ; Jaubourg nous disait avoir une lettre personnelle ou confidentielle de Peillod, lui demandant des renseignements sur les membres du Comité fédéral, à la réunion de l'adoption du procès-verbal le 3 juillet. Jaubourg laissa voter le blâme à son adresse et à celle de Peillod.

Ce n'est qu'à la réunion du 23 juillet, réunion extraordinaire à la suite des protestations du Camarade Peillod et lorsque le Comité fédéral demanda à Jaubourg de faire la preuve de ce qu'il y avait sur la lettre, qu'**il vint dire qu'il avait employé ce stratagème pour émoustiller l'énergie des membres du Comité fédéral ;** entre temps j'envoyais deux lettres au Camarade Peillod, dans lesquelles je lui disais la situation et qu'il était pénible pour moi d'assurer le poste de Secrétaire de la Fédération, il est vrai que les procès-verbaux étaient sans doute trop clairs et que l'on ne voulait pas que les organisations soient renseignées sur les faits et gestes de leurs délégués ; le Comité fédéral jugea qu'il était nécessaire que cette publication ne vienne pas à son temps, de vifs incidents eurent lieu au Comité fédéral et, comme je l'écrivis au camarade Peillod, si la date du Congrès n'était pas rapprochée ma démission aurait été maintenue au dernier Comité fédéral, celui où eut lieu le vote de blâme pour les Camarades Peillod et Jaubourg.

Sur l'insistance des Camarades du Comité fédéral, je consentais à conserver mon poste de Secrétaire jusqu'au Congrès et les réunions du Comité fédéral qui suivirent furent un peu moins orageuses et le travail de la Fédération reprit son cours, cela n'en veut pas dire que je reviendrais sur mes dicisions premières. Un malaise passa sur le Comité fédéral, chaque délégué se demanda comment nous pourrions sortir de cette situation, il ne restait plus qu'une solution puisque Jaubourg venait de nous informer qu'il n'avait dit ces paroles que pour réveiller les Camarades du Comité fédéral ; or, ceux-ci devaient choisir entre les déclarations de Peillod ou de Jaubourg ; Peillod protestant de la façon dont on avait agi vis-à-vis de lui et démentant les paroles avancées par Jaubourg, le Comité fédéral décida d'écrire une lettre manuscrite signée de tous les camarades du Comité fédéral et que cette lettre partirait le soir même pour Lyon ; les délégués envoyèrent des excuses au camarade Peillod et laissant l'auteur confondu dans ses déclarations mensongères.

Le Comité fédéral jugea aussi qu'il était nécessaire à ce que cette discussion sur ce cas ne passa pas au journal et décida de retirer du procès-verbal toute la discussion sur cette question ; le Comité fédéral attend des explications des Camarades de Lyon et ne discutera pas la question avant le Congrès de Toulouse.

Dispositions

Des démarches furent faites à la Préfecture de la Seine pour l'admission de la Fédération à la Bourse du Travail, aucune réponse n'est venue nous donner des renseignements sur ces demandes.

Pour ce qui est des délégations, aucune ne fut faite pour le simple motif que les Syndicats de province devaient envoyer mensuellement un rapport (décisions du Congrès de Lyon), pour donner la marche de la Fédération, et comme ceux-ci ne sont pas parvenus ; le Comité réitéra cependant, dans diverses circulaires, la demande de ces rapports; des mois passèrent et le nombre des réponses obtenues indiqua qu'il n'y avait encore rien à espérer de ce genre de travail.

Maintenant que vous venez de lire le Compte rendu moral, permettez-moi de vous donner connaissance du Tableau comparatif des organisations composant la Fédération des Services de Santé avec leurs effectifs en 1908 et en 1909.

Par ces chiffres, vous verrez mieux ce que la Fédération était en 1908, ce qu'elle est mainteno[illegible] ce qu'elle peut être par la suite en continuant la propaga[illegible] [illegible]ncée.

Situation de la Fé[illegible]ion

Syndicat		
Syndicat mixte des Employés de l'Asile de Mont-Perrin, Aix	60	50
Syndicat des Infirmiers et Infirmières de l'Asile de Bron	125	125
Syndicat des Infirmiers et Infirmières des Hôpitaux de Carcassonne	18	18
Syndicat des Infirmiers et Infirmières de Cadillac		45
Syndicat des Infirmiers et Infirmières des Hospices de Lyon	290	320
Syndicat des Infirmiers de l'Asile de Saint-Lizier		20
Syndicat des Services de Santé des Bouches-du-Rhône, Marseille		130
Syndicat des Infirmiers et Infirmières de Montpellier	58	54
Syndicat du Personnel Non Gradé des Asiles Nationaux	180	188
Syndicat des Infirmiers et Infirmières de Nice	125	140
Syndicat du Personnel Non Gradé des Hôpitaux de la Seine	1.100	1.500
Syndicat du Personnel Gradé des Hôpitaux de l'Assistance Publique		83
Syndicat des Employés Réunis de l'Asile de Pierrefeu	60	75
Syndicat Général des Travailleurs Municipaux, Section des Asiles de la Seine	800	910
Syndicat des Employés et Employées des Hospices de Toulon	19	20
Syndicat des Infirmiers et Infirmières des Hospices de Toulouse	50	45
TOTAUX	2.785	3.723

Situation satisfaisante

La Fédération constate la disparition du Syndicat d'Auch, le retrait du Syndicat de Montdevergues pour question financière ; cependant, nous avons continué avec ces deux Syndicats les relations jusqu'au jour où Auch refusa les journaux en disant qu'il n'y avait plus personne et que ce n'était pas la peine d'envoyer les journaux ; pour ce qui est de Montdevergues, les Camarades nous avaient laissés entrevoir qu'ils demanderaient à nouveau, à la suite du changement du Secrétaire, l'adhésion à la Fédération; si, au prochain Congrès, les Camarades de Montdevergues n'ont pas donné signe de vie, il n'y aura plus lieu de continuer l'envoi des journaux, car j'estime qu'il n'y a pas de propagande à faire dans ce milieu.

En revanche, la Fédération enregistre la venue à la Fédération du Syndicat des Services de Santé des Bouches-du-

Rhône dont le siège est à Marseille et qui comprend 130 membres actuellement ; du Syndicat du Personnel Gradé des Hôpitaux (83 membres) ; du Syndicat de l'Asile de Saint-Lizier (20 membres).

Conclusion

Que de choses à dire encore, que de faits à énumérer qui dépasseraient le cadre d'un rapport déjà long !

Il n'est pas besoin de s'attarder sur les détails des travaux du Comité fédéral, les procès-verbaux assez détaillés, trop peut-être, vous donnent largement ce qui a été fait.

La Fédération des Services de Santé ne compte que vingt-sept mois à peine d'existence et déjà nous voyons que des résultats viennent couronner les efforts des Camarades, des résultats sont déjà acquis ; il nous reste maintenant à savoir ce que la Fédération pourra faire par la suite.

Les Camarades délégués par vous au Bureau fédéral ont fait chacun avec leur tempérament tout ce qu'ils devaient pour rendre plus grandiose la marche de la Fédération ; il appartient à vous aujourd'hui de dire si le travail présenté est suffisant et conforme avec les décisions des précédents Congrès.

Pour ma part, j'estime n'avoir jamais rien oublié et n'avoir rien à me reprocher ; j'ai fait dans le courant de l'année qui vient de s'écouler tout ce qu'il m'était humainement possible de faire.

Il reste encore beaucoup à faire pour la Corporation infirmière tout entière, ce travail vous le donnerez au Congrès en spécifiant bien la marche que le Bureau fédéral doit suivre, au Camarade qui prendra la direction de la Fédération.

Quant à moi, ainsi que j'en fais mention dans certains passages de mon rapport, des lettres écrites à différents Camarades vinrent en discussion et ce fut des tiraillements à plusieurs des réunions, et, ayant eu des divergences de vues avec certains membres du Comité fédéral, par esprit de syndicalisme ne voulant pas que la Fédération souffrit de cet état de choses, et, aussi par amour-propre, je préviens les Camarades délégués au Congrès que je ne sollicite aucun mandat au Congrès de Toulouse.

Les réunions dernières sont pour beaucoup dans ma détermination, c'est avec regrets que je me retire, laissant ainsi l'œuvre pour lequel nous avons tant lutté, mais j'ai la satisfaction d'avoir fait tout ce que je devais faire.

Quatre-vingts exemplaires de la brochures du Congrès de Lyon furent envoyés à Marseille, au Camarade Tauleigne, les comptes ne sont pas encore parvenus.

Puisse maintenant que la Fédération suive son chemin, elle trouvera toujours des Camarades dévoués, je l'espère, et je termine ce compte rendu en remerciant tous les Camarades qui ont contribué à sa marche en avant.

Le Secrétaire fédéral,

E. Duval.

Le Camarade Secrétaire rappelle que le Syndicat de Leyme fut réduit à l'impuissance par suite des actes de répression du Directeur sur les Camarades qui étaient à la tête du Syndicat et met au courant les Camarades Congressistes des faits qui ont amené un incident entre le Comité fédéral et le Syndicat de Lyon.

BICHON demande des explications au sujet d'un article concernant le changement de service d'un infirmier et qui aurait dû être inséré le 15 Avril; il dit que non seulement cet article n'a pas été inséré, mais qu'encore le Camarade Merma, de sa propre autorité, l'a transformé et publié sous sa signature, et que ce fait pouvait nuire aux intéressés.

PEILLOD demande qu'à l'avenir les Syndiqués parisiens s'abstiennent d'écrire des articles au nom de la province, sans avoir reçu un mandat de l'organisation intéressée.

CHABERT invite le Congrès à raccourcir les débats.

DEUTSCHER dit que la question du journal est à ouvrir entièrement, il prétend que rien ne doit être inséré sans le timbre de l'organisation.

MERMA déclare que, dans ces conditions, il est impossible d'écrire un article d'ordre général.

DEUSTCHER dit, qu'en ce qui le concerne, il ne voit pas l'utilité des convocations, avis, réclames et annonces que l'on voit en première page du journal, il demande au Comité fédéral de prendre des mesures pour mettre en première page, et bien en évidence, les articles de fond.

VALLENTIN. — La Commission de presse du journal fédéral, à la suite de réclamation de la part des organisations au sujet d'articles, exigea que les articles portent dorénavant le cachet de l'organisation, et estime que l'ordonnation du journal est bonne telle qu'elle existe en ce moment, vu que les Camarades de la Commission de presse font tout leur possible pour que l'*Ouvrier Sanitaire* soit intéressant.

DEUTSCHER, revenant sur sa précédente déclaration, dit que la première page du journal fait mauvais effet de la façon dont elle est disposée actuellement.

MERMA déclare ne pas partager l'opinion de Deutscher et ajoute que ces modifications ne sont pas nécessaires.

PEILLOD combat la proposition de Deutscher et il allègue comme motif les dépenses qui résulteraient de ces modifications.

VALLENTIN demande que le Congrès décide que tout envoi des organisations porte leur timbre et que les articles soient étudiés avant d'être envoyés.

DUVAL. — Pour répondre au Camarade Deutscher, au sujet du journal, je tiens à faire remarquer que nous avons fait l'annonce des convocations en deuxième et troisième page, et que si nous les avions mises de nouveau en première page, cela était que suivant les conditions dans lesquelles nous nous trouvions avec la copie pour le journal; si le Congrès décide une transformation du journal, la Commission de presse s'y conformera, mais, pour ma part, je tiendrai à ce qu'on laissât quelques latitudes à la Commission, qui, en la circonstance, est plus à même de voir ce qu'il y a à faire.

CHABERT demande la clôture sur la discussion du rapport moral.

PEILLOD. — Il est impossible de clôturer la discussion, pas mal de questions sont encore à poser au Bureau fédéral, je constate que des discussions se produisent fréquemment dans le sein du Comité fédéral, et je demanderai des explications au Camarade Secrétaire à ce sujet.

DUVAL rappelle qu'à la suite de réunions du Comité il a fait remarquer que des lettres qui auraient dû être adressées au Secrétaire fédéral avaient été adressées à Jaubourg, Trésorier, et réciproquement; il cite comme exemples Nice et Montpellier. A la suite de cet état de choses, les discussions qui en résultaient étaient tellement violentes qu'il fallait souvent passer outre et, de ce fait, on arrivait à paralyser la marche des organisations. Si j'ai demandé à diverses reprises, comme conséquences de cette situation, que les Secrétaires des organisations écrivent au Secrétaire de la Fédération pour les questions d'ordre générale et au Trésorier pour les questions financières, c'est que c'était le meilleur moyen de simplifier les choses; d'autre part, à maintes reprises, les procès-verbaux des séances du Comité fédéral ont été repoussés ou refusés par le Comité, et que devant une situation aussi équivoque, j'étais prêt à me retirer.

VIGUIER, revenant sur la déclaration de Duval, dit qu'il ne lui a jamais envoyé de lettres dans les conditions qu'il a expliquées.

DUVAL réplique immédiatement, et déclare que les lettres sont là, signées de *Portalier,* et qu'elles sont datées des 4 février et 15 juin, et qu'elles ne sont pas adressées au Secrétaire, mais bien au Camarade *Jaubourg.*

DEUTSCHER déclare qu'il est facile de se conformer au désir exprimé par Duval, mais il ajoute que le Secrétaire général lui-même ne répond pas toujours aux Secrétaires des organisations; il y a donc des décisions à prendre à ce sujet.

MICHELETTI croit que le Camarade Secrétaire fait erreur en disant que Nice a écrit à d'autre qu'à lui pour demande de renseignements, mais il peut y avoir confusion de ville, puisque déjà les lettres de Montpellier sont connues, et que l'incident de Lyon est plus proche encore, de même que le Camarade Deutscher, je demande des sanctions à tous ces cas.

MERMA se plaint de ce que les organisations ne correspondent pas assez avec leurs Délégués au Comité fédéral, il rappelle le cas de Jaubourg l'année dernière, qui, au sein du Comité, était à un moment sans mandat, du fait que le Syndicat qu'il représentait n'existait plus, et sa situation était devenue difficile, et je voudrais, dit-il, qu'à l'avenir, le Congrès décide que toutes les lettres d'ordre général, qui seront adressées au Trésorier, ne soient pas prises en considération.

Cette question posée par le Camarade Merma est adoptée à l'unanimité.

CAZES demande comment et pourquoi les Syndicats de Montdevergues et d'Auch se sont retirés de la Fédération.

DUVAL répond que Montfollet qui dirige le Syndicat de Montdevergues l'a plutôt orienté en faisant cause commune avec l'Administration, plusieurs fois j'ai écrit à ce Camarade, ainsi que les procès-verbaux en font foi, des journaux leur étaient adressés et il était presque convenu qu'ils reviendraient à la Fédération, nous attendons encore les explications aux dernières lettres, et je demanderai au Congrès, que si aucune réponse n'est parvenue de Montdevergues, de ne plus continuer d'envoyer des journaux, car il n'y a pas de propagande à faire de ce côté; pour ce qui est de l'Asile d'Auch, le Camarade Baurens, qui envoyait les mandats, parce que nous ne connaissions son nom que de cette façon, les lettres étaient toujours signées illisibles, nous prévint un jour de ne plus rien envoyer à Auch, nous n'avons pas tenu compte de cette lettre et le premier envoi de journaux nous est revenu, il n'y avait pas lieu de continuer à faire des frais, puisqce les Camarades ne recevaient pas leurs journaux.

MICHELETTI rappelle que l'année dernière le Congrès avait décidé de revenir cette année-ci sur le décret qui vise le traitement des lingères des Hôpitaux; il demande ce que le Congrès pense faire pour ces travailleurs qui ont droit à toute l'attention des Congressistes et donne connaissance du décret fixant le salaire journalier de début des lingères et femmes de service de Paris aux P. T. T. Il propose que ce décret soit appliqué aux lingères des Hôpitaux, surtout à Nice, où la vie est plus chère que partout ailleurs.

MERMA pense que Micheletti est mieux qualifié que le Comité pour tirer des conclusions étant sur les lieux.

DEUTSCHER déclare qu'à Marseille, les lingères touchent 75 francs par mois, cela à titre de renseignements; et il demande si les quatre-vingt brochures du Congrès de Lyon, que le Camarade Duval avait envoyées à Tauleigne, ont été payées par ce dernier.

VALLENTIN demande le renvoi de cette question au Compte rendu financier.

PEILLOD dit qu'à Bron, le Conseil général a augmenté le taux des salaires des lingères, et donne lecture des nouveaux traitements qui leur sont attribuées.

CHABERT demande si quelqu'un a encore des objections à faire au Compte rendu moral; devant la négative, je le mets aux voix.

Le Compte rendu moral est adopté.

La parole est au Camarade Jaubourg, Trésorier de la Fédération, pour le Compte rendu financier de la Fédération.

JAUBOURG donne lecture du Compte rendu financier suivant et fait quelques observations.

SITUATION FINANCIÈRE
du 1er Octobre 1908 au 31 Août 1909

ORGANISATIONS	Effectifs en 1908	Effectifs en 1909	MOIS PAYÉS	Versements		Reste dû
Syndicat du Personnel non gradé des Hôpitaux de Paris.	1000	1300	de Sept. 1908 au 31 Juil. 1909	1.340	»	Août
Syndicat des Infirmiers de Carcassonne	20	25	d'Octobre 1908 au 31 Août 1909	29	»	
Syndicat des Infirmiers de Lyon.	290	350 en Juillet	d'Octobre 1908 à Septemb. 1909	384	»	
Syndicat des Infirmiers de l'Asile de Bron . . .	100	110	d'Octobre 1908 au 31 Août 1909	116	50	
Syndicat des Infirmiers de Montpellier . . .	50	50	id.	55	»	
Syndicat des Infirmiers de Toulouse	33	33	id.	36	80	
Syndicat des Infirmiers de Toulon	20	20	d'Octobre 1908 à Septemb. 1909	24	»	
Syndicat des Infirmiers des Asiles de la Seine	750	800	d'Octobre 1908 au 31 Août 1909	860	»	
Syndicat des Infirmiers des Asiles Nationaux	170	185	id.	199	50	
Syndicat des Infirmiers de l'Asile de Pierrefeu	50	75	d'Octobre 1908 à Septemb 1909	75	»	
Syndicat des Infirmiers de l'Asile de Mont-Perrin.	50	50	d'Octobre 1908 au 31 Août 1909	52	30	
Syndicat des Infirmiers de Nice	140	140	id.	154	»	
Syndicat des Infirmiers de Marseille	45	99	id.	108	90	
Syndicat du Personnel gradé des Hôpitaux de Paris (1).		83	Juil., Août 1909	19	60	
Syndicat des Infirmiers de l'Asile de St-Lizier (2).		20	Août 1909	5	»	
Syndicat des Infirmiers de l'Asile d'Auch. . .	16		de Sept. 1908 à Décemb 1908	6	40	
Syndicat des Infirmiers de l'Asile de Montdevergues	60		Octobre 1908	6	»	
			COTISATIONS..	3.472	»	

(1) Syndicat admis en Juillet 1909.

(2) Syndicat admis en Août 1909.

Report	3.472 »

Divers

Reçu pour avance faite pour la formation du Syndicat des Gradés	36.10
Produit d'une collecte faite au meeting du 31 juillet	22.80
Produit d'adhésion pour le Congrès de Toulouse, septembre 1909	85 »
Produit de la vente des brochures du Congrès de Lyon	325 »
Produit de la vente de 32 brochures à Marseille	8 »
Total	3.948 90

Dépenses

Déficit en revenant du Congrès de Lyon	131.50
Journée supplémentaire à Lyon	20 »
Frais de délégation Doria et circulaires Marseille	18 »
Abonnement au **Mouvement Social** (un an)	15 »
Voyage à Bourges pour le journal l'**Ouvrier Sanitaire**	15 »
Fonds de roulement (Décision du C. F., du 11 janvier 1909)	30 »
Avance faite pour la formation du Syndicat des Gradés de Paris	36 10
Courrier de la Presse (2e Trimestre)	13 50
Cotisations C. G. T., juillet 1908 à juillet 1909	91 20
Cotisations des huit heures et grève générale 10 %	9 15
Frais d'organisation du meeting du 31 juillet (affiches, circulaires)	64 70
Envoi des journaux, brochures, Bourse du Travail	140 60
Frais de correspondances	87 85
Déplacements divers, Comité Fédéral, Comité Confédéral, Commission de Presse ; déplacements divers du Secrétaire et Commission de Contrôle	179 25
Frais de bureau (Note Garnier et papier Schmit)	63 80
Remboursement journal l'**Ouvrier Sanitaire**	1.270 70
Remboursement journal l'**Action**	562 35
Mensualité du Secrétaire et du Trésorier	330 »
Délégué au Congrès de Toulouse	270 »
Facture, Bourges (2.000 brochures du Congrès de Lyon)	381 50
Total	3.730 20

Balance

Recettes	3.948 90
Dépenses	3.730 20
Total	218 70

Vu : Le Trésorier,
L. Jaubourg.

Vu : Le Trésorier-Adjoint,
Vallentin.

Vu : Le Secrétaire,
E. Duval.

Vu : Les Membres de la Commission de Contrôle,
Jung, A. Marineau.

CAZES fait remarquer qu'il y a une omission de 15 francs dans le Compte rendu financier.

VALLENTIN dit qu'elle résulte d'une erreur d'impression au deuxième trimestre.

CAZES ajoute qu'on aurait dû mentionner cette omission, car, lorsque les Camarades verront cela, ils pourraient croire que le Syndicat est en retard.

DEUTSCHER déclare que les reçus du Trésorier ne sont pas acquittés comme il le faudrait, le timbre-quittance devrait y figurer, car, si par hasard des contestations s'élevaient entre la Fédération et les organisations, il pourrait en surgir des incidents et complications regrettables.

MERMA demande qu'à cette occasion le Congrès ne tienne pas compte de la loi et qu'il passe outre, alléguant que les organisations sont assez conscientes d'elles-mêmes pour ne pas avoir à recourir à ces moyens de contrôle.

CHABERT fait remarquer au Congrès que les propositions de Deutscher et de Merma sont contradictoires et qu'il demande de se prononcer; le *statu quo* est voté.

DEUTSCHER renouvelle la demande qu'il a faite précédemment, à savoir que la Fédération a envoyé l'an dernier 80 brochures du Congrès à son organisation et qu'il ignore si Tauleigne, alors à la tête du Syndicat et qui disposait d'une somme d'argent nécessaire pour payer, a acquitté cette dette.

JAUBOURG répond que les brochures restent impayées.

DUVAL donne lecture de la lettre qu'il écrivait à Tauleigne pour la dernière fois et cela peu de temps avant le Congrès de Toulouse, en l'invitant à se mettre en règle avec la Fédération, car le cas serait soulevé à Toulouse et que cela pourrait lui porter préjudice; d'après le nombre que Mme Gallotti, Trésorière du Syndicat de Marseille, a payé, le Camarade Tauleigne devrait à la Fédération la somme de 22 francs.

VALLENTIN propose que chaque Syndicat soit tenu de demander à l'avance le nombre de brochures qu'il désire avoir et d'en envoyer immédiatement le montant; de plus, il demande au Congrès de donner mandat au Comité fédéral, afin qu'il ne fasse faire que le nombre strictement nécessaire de brochures qui lui auront été demandées.

DUVAL. — Pour le Congrès de Lyon nous sommes restés avec environ près de 500 brochures de reste et, si le Camarade Vallentin n'avait pas fait la proposition, je l'aurais faite au Congrès, quoique déjà nous en ayions parlé au Bureau.

CHABERT approuve la proposition de Vallentin et la met aux voix.

La proposition de Vallentin est adoptée.

A la suite de ce vote, et le Congrès n'ayant plus d'observations à faire, le Compte rendu financier est mis aux voix et est adopté.

JAUBOURG donne lecture du Compte rendu de la Commission de contrôle suivant :

La Commission de Contrôle, réunie les 13 Avril, 3 et 24 Août 1909, après avoir vérifié les recettes et les dépenses pendant le courant de l'année, constate que celles-ci sont régulières, que les livres de la Fédération sont bien tenus et que la caisse de la Fédération accuse une plus-value sur la fin de l'exercice 1907-1908.

La Commission de Contrôle signe le présent rapport après la vérification des comptes.

Ce 24 août.

La Commission de Contrôle :

A. MARINEAU, S. VALLENTIN, J. JUNG.

Après cette lecture, le Compte rendu de la Commission de contrôle est mis aux voix et adopté.

A ce moment, le Camarade NEYROLES entre dans la salle des séances et fait part au Congrès d'une communication du Secrétaire général des Hôpitaux de Toulouse, dans laquelle ce dernier se rappelle aux bons souvenirs des Congressistes et les recevra volontiers le samedi.

Pour la séance de l'après-midi sont désignés : comme Président, DEUTSCHER ; comme Assesseur, BICHON.

La séance est levée à midi.

Séance du 2 Septembre (après-midi)

La séance est ouverte à 2 heures, sous la présidence du Camarade DEUTSCHER, *de Marseille,* assisté du Camarade BICHON, *de l'Asile de Bron.*

On passe immédiatement à la troisième question de l'ordre du jour : INTÉGRALITÉ DES SALAIRES ET SERVICES DE VEILLE.

MERMA estime que c'est là une question qui intéresse au plus haut point la corporation ; l'intégralité des salaires fera la liberté de l'infirmier, but vers lequel tous ses efforts doivent tendre, parce qu'il est inadmissible qu'il soit considéré autrement qu'un ouvrier ; à l'Assistance Publique de Paris, on avait espéré que la laïcisation provoquerait cette réforme. Actuellement la laïcisation est faite, et la réglementation des salaires n'a pas changé; cela n'a rien d'étonnant, car M. Mesureur considère l'Assistance Publique comme une vaste coopérative, dont le bénéficiaire est l'Administration; c'est pourquoi il demande pour Paris le tarif minimum de 5 francs par jour, se basant sur la déclaration du Conseil municipal de Paris, lequel a déclaré que nul parmi ses travailleurs ne recevrait un salaire inférieur à 5 francs par jour. Pourquoi n'a-t-il pas considéré l'Assistance Publique comme un service municipal? C'est parce qu'une loi (1849) l'a mise en dehors de l'Assistance Publique de France, en lui donnant des règlements et des institutions qui lui sont propres.

Merma conclut en disant qu'une Commission s'est réunie pour examiner s'il était possible d'avoir un jour l'intégralité des salaires; cette Commission l'a affirmé catégoriquement et cela en se basant sur les chiffres dont dispose le budget de l'Assistance Publique; cette possibilité existant, il faut aussi que le taux de 5 francs par jour s'applique aussi bien aux femmes qu'aux hommes; en un mot, salaire égal pour tous et pour toutes, aussi bien en province qu'à Paris.

A ce sujet, Merma dit que M. Durand, chef du personnel de l'Assistance Publique de Paris, lui a dit que la province s'inspirait de la situation faite à Paris pour formuler ses revendications, c'est une regrettable erreur, puisqu'il est de toute évidence qu'on ne peut vivre dans une ville de quelques centaines de mille âmes à moins de 5 francs par jour; il rappelle que l'Assistance Publique a violé les décisions du Conseil municipal en ne craignant pas d'imposer à son personnel externe un salaire de famine de 3 fr. 96 comme début; par cette décision, l'Assistance Publique de Paris s'est mise au ban des Administrations hospitalières de France et le Conseil municipal s'est fait le complice de cette infamie en la couvrant de son silence. Il fait remarquer que, d'après des enquêtes faites par l'Administration elle même, le résultat de cette situation précaire est que le chiffre des morts parmi le personnel s'est élevé à 22/1000 par an. En conséquence, il engage les Camarades de province à réclamer aussi le tarif minimum de 5 francs par jour.

JAUBOURG donne lecture du rapport suivant, ayant trait à l'intégralité des salaires:

En prenant la parole sur la question de l'intégralité des salaires, qui, étant la question primordiale de nos revendications, et vu le maigre résultat obtenu auprès de nos Administrations respectives, je viens vous demander que cette question soit, cette année, poussée le plus en avant possible par tous les Camarades Congressistes, pour faire obtenir le bien-être dû aux Camarades qu'ils représentent.

Ceci dit, Camarades, je vais me permettre, si vous le voulez, de vous donner succinctement un aperçu des diversités du salaire existant dans différentes Administrations, vous verrez que nous ne sommes pas les seuls à combattre pour le droit à la vie, nous sommes tous les jours exposés aux maladies.

Je viens donc, Camarades Congressistes, pour conclure, vous demander qu'un rapport soit fait par chaque Syndicat et soumis au Comité fédéral pour que celui-ci fasse le nécessaire auprès des Pouvoirs Publics.

VALLENTIN dit qu'il n'a pas de mandat ferme pour se prononcer catégoriquement sur cette question, mais reconnaît la nécessité de soutenir l'intégralité des salaires telle qu'elle est proposée par Merma, c'est-à-dire au taux minimum de 5 francs par jour; ce chiffre lui paraît nécessaire en raison des nécessités toujours croissantes de la vie, et fait remarquer que c'est d'ailleurs le salaire que l'on donne aux agents de police, aux cantonniers, aux facteurs... et termine en demandant l'externement des veilleurs, en particulier, et du personnel, en général, en prenant pour tous, comme base de salaire, le taux de 5 francs par jour.

DUVAL fait remarquer que les Camarades de Saint-Lizier se conformeront aux décisions du Congrès.

MICHELETTI demande tout d'abord l'externement du personnel, puis que chaque Syndicat soit libre de fixer le taux du salaire intégral qui conviendra le mieux à son mode d'existence et aux ressources de la localité dans laquelle il se trouve, et dépose la motion suivante :

Etant un fait acquis que les Hospices et Asiles ne possèdent pas un logement conforme aux principes d'hygiène, que la nourriture également laisse toujours à désirer malgré maintes réclamations à ce sujet et que par suite de ces deux éléments principaux qui constituent le bien-être et qui font défaut, la tuberculose fait beaucoup de ravages dans les rangs du personnel des Services hospitaliers, la seule mesure efficace pour combattre ce fléau ne peut être que l'externement du Personnel des Hôpitaux, Hospices et Asiles.

RAYNAL. — J'estime, puisque cette revendication est essentielle pour le bien-être de la corporation et qu'elle a pour but de favoriser la création de familles nombreuses, qui, jusqu'à ce jour n'ont pas eu les moyens de se développer, qu'il y a lieu de lui donner la suite qu'elle comporte, c'est-à-dire que tous les moyens doivent être employés pour obtenir sa réalisation. En conséquence, je me solidarise entièrement avec les Camarades Délégués, dans le but de faciliter les démarches qu'ils seront appelés à faire dans ce sens auprès des Pouvoirs publics. Je pense, en effet, qu'il serait préférable que ces derniers soient saisis, au plus tôt, de l'état de choses existant, qui, envisagé au point de vue social, présente de nombreuses lacunes, soit parce qu'il est un obstacle à la création d'un grand nombre de familles que la réforme au contraire encouragerait, soit parce qu'il paralyse les jeunes énergies qui, très souvent, ne peuvent s'accoutumer au cadre restreint de la vie dans les hôpitaux; je me rallie donc à la façon de voir du Camarade Micheletti et j'envisage dans l'intégralité des salaires une amélioration sensible dans la situation du personnel hospitalier.

CONORD. — L'intégralité des salaires est la base de nos revendications; il est inadmissible et déplorable pour la santé du personnel que l'Administration s'arroge le droit de prélever, sur nos maigres salaires, indemnités de logement, de nourriture, d'habillement; un travailleur, qu'il soit administratif ou privé doit pouvoir disposer entièrement de son salaire.

Nous insistons particulièrement sur cette question et nous pouvons annoncer qu'un grand pas a été fait en ce sens aux Asiles de la Seine, dans la session de décembre 1908, le Conseil général a voté l externement complet du Service de veille; ces Camarades n'ont de retenue que l'habillement.

Il est de toute nécessité que le personnel hospitalier obtienne la liberté de manger à son goût, de se coucher où il veut; les logements sont insalubres et la nourriture est de plus en plus mauvaise, aussi nous portons, à côté de l'intégralité des salaires, indemnité de nourriture (repas du soir), puisque tout le personnel de jour a fini sa journée à 6 heures du soir; ceux qui jouiraient de l'indemnité de logement approcheraient de l'intégralité des salaires.

Plus d'un quart du personnel bénéficie en ce moment de la paie intégrale et, pour que les Pouvoirs publics ne perdent pas de vue notre principale revendication nous proposons et déposons l'ordre du jour suivant:

Le Personnel des Asiles de la Seine estime qu'être dans l'obligation de manger et boire ce que bon semble à l'Administration, qu'être obligé de coucher dans des cages infectes, est tout à fait préjudiciable à la santé du Personnel et indigne d'Etablissements laïcisés.

Proteste contre ces abus criminels et demande l'intégralité des salaires basés sur un minimum de 5 francs par jour.

MERMA déclare que Micheletti a raison lorsqu'il estime que les conditions d'existence ne sont pas partout les mêmes et qu'à Nice la vie est plus chère qu'à Paris, mais il estime que les externés des Hôpitaux sont victimes d'une manœuvre de l'Administration qui, en leur donnant un salaire dérisoire, les empêche de se suffire. A Paris, on prétend que la province s'inspire de Paris, que lui, croit que le Congrès doit d'abord s'inspirer des conditions de la vie dans les grands centres, où elle est le plus cher et du taux qui y est nécessaire pour vivre.

DEUTSCHER dit qu'il est pour l'intégralité des salaires, mais purement et simplement, n'ayant pas de mandat ferme de son Syndicat, il ne peut s'engager à demander 5 francs.

par jour; l'Administration leur a fait à Marseille des offres assez avantageuses pour qu'ils estiment pouvoir momentanément s'en contenter.

Bichon donne lecture d'un exposé des salaires, tels qu'il les ont à l'Asile de Bron, et se prononce pour l'intégralité des salaires.

Neyroles se rallie au taux de 5 francs par jour pour Carcassonne.

Viguier. — La première des conditions pour éviter toute contamination est d'être en bonne santé, la tête et l'estomac satisfaits, les membres reposés dans un milieu sain, propre et aéré. Or, la nourriture donnée dans la plupart des Hôpitaux pour le personnel est défectueuse, non que la quantité fasse défaut, non que l'Administration ne donne pas pour cela le nécessaire, mais le personnel qui est chargé de la préparation de la nourriture est parfois recruté au hasard et par conséquent pas à la hauteur de sa tâche. Une mesure radicale s'impose, c'est de placer la confection des aliments sous la direction d'un cuisinier professionnel, responsable, lequel, recevant des ordres de l'Administration, devra, avec le personnel qui lui sera donné, assurer le bon fonctionnement de ce service.

Ces considérants nous obligent à demander la paie intégrale, seule réforme qui durera et qui donnera satisfaction à tout le personnel.

Duval fait remarquer que le Congrès s'écarte de la question, que Saint-Lizier par exemple ne peut demander de suite 5 francs par jour, et que les autres organisations proposent des taux qui diffèrent suivant les villes où elles se trouvent. Il estime donc que chaque organisation doit pouvoir demander le salaire qui lui convient le mieux, et à ce sujet dépose la motion suivante :

Au nom des Camarades Gradés de Paris et des Camarades Infirmiers de Saint-Lizier, j'ai l'honneur de demander aux Camarades de continuer toute la propagande nécessaire en vue de l'intégralité des salaires au Personnel des Hôpitaux, Hospices et Asiles de France, tout en laissant aux organisations respectives le soin et la faculté de fixer le taux du prix de journée ; mais, estimant que le Congrès doit fixer une base, fixe celle-ci à 5 francs par jour.

E. Duval.

Chabert fait remarquer que tout le monde est d'accord sur la question du principe de l'intégralité des salaires, et croit que la motion du camarade Duval donnera satisfaction à tout le monde et déclare s'y rallier.

Peillod remarque lui aussi que tout le Congrès est

d'accord sur le principe, mais qu'il reste à baser le taux du salaire, il se prononce pour 5 francs.

GRIGLIONE dépose la motion suivante :

Les Congressistes demandent l'intégralité des salaires avec un minimum de salaire en rapport avec les exigences de la vie dans les centres où sont situés les Etablissements hospitaliers.

GRIGLIONE.

MERMA constate que le principe de l'intégralité existe, que le Congrès s'est prononcé pour, mais qu'il lui reste maintenant à en fixer le taux.

CAZES se prononce pour l'intégralité des salaires au taux de 5 francs.

NEYROLES rappelle qu'Abadie avait opté pour le taux de 5 francs par jour quand il eut l'occasion de se prononcer à Lyon sur la question, et se range à la façon de voir du Camarade Duval.

LE PRÉSIDENT relit les motions qui lui sont parvenues et, après mise aux voix, la motion du Camarade Micheletti est repoussée ; et la motion du Camarade Duval, à laquelle se raillent les Camarades Merma, Vallentin, Conord, est adoptée. Micheletti s'est abstenu dans le vote.

On passe au deuxième paragraphe : Services de veille.

CAZES déclare qu'à Mont-Perrin ils font vingt-quatre heures consécutives de travail et il demande que l'on crée dans les établissements hospitaliers une équipe de jour et une équipe de veille.

RAYNAL. — J'estime que la différence qui existe dans les divers établissements hospitaliers sur la façon de comprendre cette question, suivant que le personnel y est plus ou moins nombreux ou que les règlements prêtent plus ou moins d'élasticité aux exigences du service, est la meilleure raison à faire valoir, afin de laisser à chaque organisation la liberté nécessaire pour aboutir au résultat proposé par les moyens qu'elle jugera à propos d'employer, sous réserve d'une démarche à faire auprès du Ministre du Travail, afin que celui-ci puisse exercer une pression sur les Administrations hospitalières qui violent la loi, limitant la durée des heures de travail en faisant faire à leurs infirmiers jusqu'à trente heures consécutives, comme cela se produit dans les Hôpitaux qui n'ont pas un service de veille et où l'on prélève le personnel nécessaire sur le service de jour.

MERMA. — A l'Assistance Publique de Paris, le service de veille existe, sa durée est de douze heures un quart, repas compris ; il y a lieu de donner mandat au Comité fédéral de prendre des mesures pour donner aux organisations de province une situation analogue à celle des Camarades de Paris.

ou de Lyon, qui est de beaucoup la meilleure que l'on puisse désirer pour le moment.

CAZES demande que le service de veille soit obligatoire dans tous les établissements hospitaliers, privés ou publics.

BICHON demande, comme Cazes, la double équipe, alléguant que jusqu'ici elle n'existe pas, cependant le besoin s'en fait sentir.

MICHELETTI déclare qu'à Nice les Camarades font neuf heures et demie, que de ce côté ils n'ont rien à réclamer, toutefois, il se rallie à la proposition de Raynal, tendant à exposer au Ministre intéressé la violation de la loi sur la limitation des heures de travail.

DUVAL fait remarquer que seul le principe doit être établi après étude. Que l'on doit chercher à obtenir le service de veille, mais qu'on doit laisser les organisations libres de réglementer leurs horaires de jour et de nuit avec leurs différentes Administrations.

RAYNAL et DUVAL déposent la motion suivante :

Les Congressistes, vu le nombre assez important d'Administrations qui violent la loi réglementant la durée du travail des adultes, donnent mandat au Comité fédéral auprès des Pouvoirs Publics pour qu'il fasse le nécessaire pour ramener ces Administrations au respect des lois.

RAYNAL, DUVAL.

GRIGLIONE dépose la motion suivante :

Les Congressistes donnent mandat au Comité fédéral de presser les Autorités supérieures pour établir un Service de veille dans les centres où il n'en existe pas.

GRIGLIONE.

Ces deux motions sont mises aux voix et sont adoptées.

On passe à la quatrième question de l'ordre du jour : LAICISATION.

PEILLOD fait connaitre au Congrès qu'il a élaboré un rapport sur la question, et donne connaissance du rapport suivant :

LAÏCISATION

Camarades,

Quand nous avons demandé de mettre à l'ordre du jour du Congrès de Toulouse, la laïcisation des Hôpitaux, Hospices et Asiles, nous ne nous faisions pas d'illusion sur les difficultés que nous allions rencontrer pour mettre en application les vœux émis à ce sujet dans nos précédents Congrès.

La tâche que nous entreprenons est certainement hérissée

de difficultés, mais elle est nécessaire et n'est pas au-dessus de nos forces.

Le Public

Tout d'abord, nous devons constater que nous avons, contre la laïcisation, une partie du public, non pas adversaire irréductible, mais encore imbue d'un vieil esprit de routine et qui ne nous connaît pas.

En effet, à part ceux qu'une maladie a mis dans l'obligation de venir à l'Hôpital, très peu de nos concitoyens savent que dans les Hôpitaux il y a, à côté du personnel religieux, un personnel laïque qui peine et qui souffre de la médiocre situation qui lui est faite, quoique cependant, grâce à l'action de nos divers Syndicats, l'opinion publique commence à s'intéresser à nous.

Il est juste aussi de reconnaître qu'il n'y a pas très longtemps que l'on compte des Infirmiers laïques dans les Hôpitaux et il est bon de dire comment ce personnel a été amené à remplacer le personnel religieux.

Pendant des siècles, l'on a laissé les Congrégations religieuses soigner les malades. A ce moment, il n'y avait pas de personnel laïque dans les Hôpitaux.

Par la suite, le recrutement des sœurs devenant difficile, petit à petit l'on a été dans l'obligation de faire appel à l'élément laïque. Mais il ne faut pas croire que cela s'est fait immédiatement par l'embauchage de civils rétribués. Non, le personnel religieux sentait très bien que le jour où un personnel laïque professionnel pourrait lui être opposé, c'en était fait de son prestige.

Aussi, l'on a commencé par un moyen beaucoup moins onéreux et surtout plus pratique, en ce sens qu'il permettait de tenir l'élément laïque dans un grand état d'infériorité.

Tous les jours, à la porte des Hôpitaux, de pauvres diables sans gîte viennent demander l'aumône, c'est dans ceux-là que les religieuses devaient tout d'abord rechercher les aides qui leur devenaient indispensables.

Pendant quelques jours, à condition qu'ils aident dans le service, ces passagers étaient nourris et logés. Malgré ces nouvelles recrues, le public se dirigeant toujours de plus en plus grand nombre vers les hôpitaux, ces aides ne suffirent bientôt plus et il fallut songer à créer quand même un personnel laïque.

Le travail qui fut confié aux laïques ne fut pas, vous le pensez bien, du travail d'infirmier, on leur réserva les grosses corvées, le travail de nettoyage.

Mais, de plus en plus, le recrutement des sœurs devient difficile et oblige, d'une part, les Hospices à confier certains emplois un peu élevés à l'élément laïque, pendant que, d'autre part, le personnel médical ayant vu ce que l'on pouvait faire avec un personnel laïque intelligent, dévoué, et ayant constaté que le personnel religieux, imbu de vieux préjugés, était réfractaire à tout progrès de la science, avait, lui aussi, commencé à faire appel à notre concours.

Pendant trop longtemps, l'on a laissé dire que seules les religieuses avaient assez de dévouement et de bonté pour soigner les malades.

Comme si le dévouement et la bonté étaient le monopole d'une catégorie de citoyens.

Et pourquoi les religieuses seraient-elles plus dévouées et plus bonnes que les laïques, est-ce que ce ne sont pas des êtres humains comme les autres ?

A moins que le fait d'endosser un habit religieux leur confère des qualités surnaturelles, ce que nous ne croyons nullement. Car il faut surtout savoir comment se fait le recrutement des religieuses, pour voir que non seulement elles ne sont pas supérieures aux laïques, mais qu'au contraire elles sont inférieures, parce que tirées des contrées pauvres et tout à fait arriérées au point de vue moral et intellectuel.

Il y a trois catégories de recrues.

D'abord, il y a quelques jeunes filles élevées par des parents fanatiques qui leur inculquent, dès leur bas âge, ces notions qui font qu'elles viennent soigner les malades, pensant ainsi arriver plus sûrement au Ciel. Celles-là deviennent de plus en plus rares et sont une infime minorité.

Ensuite, il y a les jeunes filles qui, désabusées dans leurs espérances, ou contrariées par quelque discussion de famille, de dépit viennent se faire religieuses. De celles-ci, nous n'en parlerons pas, certains que nous sommes qu'elles songent bien plus souvent à leurs rêves envolés qu'aux malades et qu'elles attendent la première occasion de retourner à la maison paternelle.

Et enfin, le plus grand nombre, les huit-dixièmes, qui viennent des montagnes de la Haute-Loire ou de la Haute-Savoie, et, en général, de tous les pays misérables et montagneux.

Examinons un peu comment ces jeunes filles, d'une instruction moins que primaire, et d'une éducation adéquate, sont appelées à venir soigner les malades.

Pour les y amener, il existe toute une série de savantes combinaisons, tout comme le chasseur à l'affût tend ses filets et par des manœuvres ingénieuses y fait venir le gibier, toute une organisation fonctionne dans ces campagnes pour recruter les futures religieuses.

Ce travail est fait habituellement par le curé du village et dans les montagnes de l'Auvergne, par exemple, par des sœurs dénommées « béates ».

Pour ce faire, l'on commence à jeter son dévolu sur une famille pauvre et, de préférence, nombreuse. Pendant que les enfants sont encore jeunes, après la classe où ils n'y restent pas très longtemps, car il faut dire que dans ces pays, à part quelques heures passées l'hiver vers l'instituteur, les enfants sont constamment sous la surveillance du curé ou de la béate, très adroitement on leur raconte combien est noble, combien est beau le rôle de la religieuse et, enfin, et, surtout, l'on a bien soin de leur faire entrevoir la grande différence du travail qu'il y a entre celui du curé ou de la béate et celui de leurs parents.

Plus de terre à manier, plus de bêtes à soigner ; dorénavant, existence de monsieur ou de demoiselle.

Aussi, lorsque ces enfants arrivent à l'âge de 16 ou 18 ans, ils ne voient que le moment d'être sortis de l'étable, pour, enfin, être en ville en costume qui attire les regards.

Et c'est ainsi que tous les ans, c'est par paquets qu'arrivent dans les hôpitaux ces futures sœurs.

Nous ne les suivrons pas dans leur vie d'infirmières, mais ce qu'il y a de certain, c'est qu'elles sont cruellement désabusées ; aussi quelques-unes, assez nombreuses, s'empressent de retourner chez leurs parents et celles qui restent accomplissent machinalement et sans conviction un travail que, dans leur for intérieur, elles considèrent comme ne devant pas leur être attribué, puisqu'on leur avait dit n'avoir rien à faire.

Après cela, rien d'étonnant que les malades n'aient pas les soins nécessaires et intelligents comme avec un personnel laïque qui, lui, en travaillant dans les hôpitaux, sait d'avance le travail qui lui sera confié.

Et comment une religieuse pourrait-elle surtout apporter aux malades les consolations nécessaires?

Voilà des malheureux qui, parce qu'ils sont pauvres, sont dans l'obligation, pour se soigner, de quitter femmes, enfants, famille et de venir parfois mourir loin des leurs qu'ils aiment.

La religieuse, partie à 16 ans ou 18 ans de chez ses parents et qui n'a rien connu de la vie, ne peut pas apporter de sincères consolations.

Nous disons qu'il faut des mères de famille, qui, elles, ont connu les joies et les tristesses du foyer, il faut des pères de famille, qui, eux, ont vécu de cette vie de misère qu'est celle du prolétaire pour les bien soigner.

Ceux-là seulement peuvent apporter un adoucissement à la douleur morale du malade, parce qu'ils savent de quoi il souffre et parce que ce n'est pas un étranger qu'ils soignent, **c'est un frère de misère.**

De la Politique

L'on objecte beaucoup qu'en demandant la laïcisation des Hôpitaux, Hospices et Asiles, nous sortons de notre rôle syndicaliste et que nous faisons de la politique.

Mais cet argument se retourne contre nos adversaires qui, eux, en font de la politique en voulant maintenir quand même des religieuses dans les Hôpitaux en contradiction formelle avec la liberté de conscience.

Et, néanmoins, serait-ce faire de la politique que nous devrions en faire sur ce terrain. Si nous sommes des Infirmiers salariés, nous sommes aussi des citoyens ayant conscience de leur rôle ; nous sommes des travailleurs organisés et comme tels il est de notre devoir de veiller à ce que les travailleurs, nos frères qui viennent dans les Hôpitaux, y trouvent les soins matériels et moraux qu'ils sont en droit d'y trouver, ce qui, malheureusement, n'existe pas encore dans les Hôpitaux non laïcisés.

Quoique l'on en dise, il est matériellement impossible à une religieuse d'apporter impartialement les consolations qui, bien souvent, sont un précieux auxiliaire du médecin, car, en effet, pour ces femmes, tous ceux qui ne pensent pas comme elles et ceux surtout qui font montre de quelque esprit libre-penseur, sont considérés comme des êtres malfaisants et dangereux, pour lesquels, aucune souffrance n'est assez cruelle et que l'on doit tenir à l'écart.

Au point de vue matériel, l'on ne peut être bien mieux servi. Comment voulez-vous, Camarades, qu'une religieuse puisse donner des soins à un malade? La religieuse qui croit ou feint de croire que tout ce qui arrive est la volonté d'un Dieu problématique, n'a aucune confiance et de plus est réfractaire à la science. Elle accomplit donc les ordres du médecin sans conviction et machinalement, puisqu'elle est convaincue que tout ce qu'elle fait ne servira à rien si Dieu ne le veut pas.

En travaillant pour la laïcisation nous aurons rendu un grand service à la classe ouvrière, la principale clientèle des Hôpitaux, en permettant aux malades, si du moins la science ne peut les arracher à la mort, de ne pas voir troubler leurs derniers instants par une abominable pression, leur demandant et les obligeant parfois à répudier, au seuil du tombeau, ce qu'ils ont professé toute leur vie.

Question budgétaire

Et maintenant, examinons le grief que l'on nous oppose le plus, la question budgétaire.

Souvent, l'on entend dire, ces pauvres sœurs qui travaillent pour rien. Eh bien! voyons ce que vaut cet argument.

En prenant pour exemple les Hôpitaux de Lyon, nous laisserons traiter la question par M. le Docteur Augagneur, alors Maire de la Ville de Lyon, qui publiait dans le **Bulletin Municipal** du 29 novembre 1903 un rapport sur les Hospices Civils de Lyon et dans lequel il disait :

« Le personnel des Hôpitaux de Lyon est très coûteux, surtout parce qu'il est trop nombreux. A l'Hôtel-Dieu, le personnel (non compris les médecins, chirurgiens, internes et externes) est de 377 personnes pour 1.065 lits (non compris le personnel médical), soit un fonctionnaire pour 2/8, mettons 3 malades.

« L'excès du personnel est dû à ce que nous sommes en face d'un personnel religieux. On considère le personnel religieux comme économique parce que chaque membre de ce personnel n'est pas ou peu payé. Le nombre compense cette apparente économie et d'**ailleurs comme le personnel religieux ne consent qu'à certaines besognes,** il se double partout d'un personnel laïque subordonné.

« A l'Hôtel-Dieu, nous comptons 250 frères ou sœurs et 89 laïques; à la Charité, 241 religieuses et 130 laïques; à l'Hospice des Vieillards, 18 religieuses et 12 laïques, etc. Rien ne prouve mieux l'excès de nombre du personnel religieux que des comparaisons établies, non plus avec des établissements étrangers, mais entre les divers services du même Hôpital. A l'Antiquaille, un service d'hommes est laïcisé. Pour 128 lits, il y a 10 employés ou 1 employé pour 12 lits 8. Le service des femmes, non laïcisé, comporte 16 religieuses pour 172 lits, ou une religieuse pour 10 lits 4.

« Or, le service des hommes est beaucoup plus actif, comporte beaucoup plus d'opérés que le service des femmes et impose aux Infirmiers un travail certainement double pour le même nombre de malades. En voici la preuve : c'est que le service des hommes a compté 56.336 journées de malades et a eu 12 décès, tandis que le service des femmes n'a compté que 47.750 journées et 2 décès. En fait, pour le personnel laïque du service des hommes, chaque journée d'employé correspond à 15 **journées** 3 **de malades;** pour le personnel religieux du service des femmes, chaque journée de religieux ne donne plus que 8 **journées 1 utile. Différence** 50 %. Autre constatation : Le service de la clinique hommes, non laïcisé, a 8 employés pour 48 lits, 1 sur 6, sur ce nombre 2 frères et 6 laïques. Supprimez les frères et vous avez encore plus d'employés que dans le service indiqué plus haut.

« Pour l'Hôtel-Dieu, les frais du personnel sont de 443.695 fr. 50. Le total du personnel émargeant sur cette somme est de 365.

« La dépense par tête est donc de 1.215 fr. 30.

« En isolant le personnel religieux, nous constatons d'abord que ces 365 employés se décomposent comme suit :

Aumôniers	4
Religieuses.	238
Frères	21
Soit	263

« Le personnel laïque, 102 individus, est entièrement externe. Il ne prélève une part que sur quelques-uns des articles des dépenses. Ce sont :

« Traitement administratif spécial et général ;

« Frais de bureau ;

« Gages des préposés et des gens de journées.

« Le personnel laïque représentant 28 % du personnel total, il faut considérer sa part dans les frais d'Administration et de bureau comme étant de 28 % de celle du personnel, soit 4.479 fr. 40.

« Sur le compte gages et salaires des préposés et gens de journées, il faut évaluer la part des employés laïques à 138.741 fr. 60. En retranchant ces deux chiffres, soit 143.221 fr. du total des dépenses du personnel, nous voyons que le personel religieux coûte 300.474 francs ou 1.160 **francs par tête** à l'Hôtel-Dieu de Lyon.

« Or, nous pouvons affirmer en tenant compte du nombre des employés dans les établissements laïcisés, Hôtel des Invalides, Dépôt d'Albigny, Asile de Bron, que la laïcisation amènerait une réduction considérable du personnel.

« A l'Asile de Bron, il y a un employé pour 8.3 malades. L'Hôtel-Dieu pourrait se suffire largement avec le même personnel. A l'Hôtel-Dieu, le personnel est de 1 sur 3. On peut donc, en le réduisant de moitié, arriver à 1 sur 6, ce qui est une proportion supérieure à celle de l'Asile de Bron et largement suffisante. Je laisse de côté l'économie à réaliser sur le personnel laïque existant, qui ne peut être portée en compte en totalité, car son **salaire quotidien est dérisoire** (prix : 3 fr. 50 par tête et par jour en moyenne). En supprimant la moitié du personnel religieux, sœurs ou frères, remplacés par des laïques **sans aucun supplément de dépenses,** on pourrait payer chaque Infirmier ou Infirmière le coût de deux religieuses actuelles, soit 2.320 francs par an. Or, jamais le traitement moyen du personnel hospitalier est trop élevé, et, de ce chef, d'importantes économies sont à réaliser. »

Camarades, de par les chiffres donnés par M. Augagneur, chiffres qui n'ont pas été démentis, tenant compte qu'en

France, tous les établissements non laïcisés sont à quelque chose près dans les mêmes conditions, la légende qui consiste à dire que le personnel religieux ne coûte rien a donc vécu.

Mais ce qui nous fait surtout une nécessité de poursuivre la laïcisation des Hôpitaux, c'est cet état d'infériorité dans lequel l'on tient le personnel laïque dans les Hôpitaux non laïcisés.

Dans tous ces Hôpitaux, les religieuses se considèrent comme chez elles et y parlent en maîtresses, il arrive même que bien souvent elles ne tiennent aucun compte des ordres de l'Administration.

Nous devons donc travailler avec ardeur à la laïcisation, car tant qu'il y aura un personnel religieux à nos côtés, nous ne serons qu'un personnel secondaire.

Malgré nos états de service, malgré nos capacités professionnelles, nous n'arriverons pas au rang que nous devrions avoir, parce que tous les postes de direction sont réservés au personnel religieux.

Et y a-t-il quelque chose de plus illogique, de plus humiliant pour nous que de voir des jeunes filles de 16 à 18 ans, nouvellement arrivées de la campagne, ne connaissant absolument rien au service d'Infirmier, pour la seule raison qu'elles sont sœurs, qui commandent, donnent des ordres, vont même, pour bien marquer leur supériorité, jusqu'à faire des observations à de vieux Infirmiers ayant passé quinze, vingt et trente ans à soigner des malades.

Ce que les religieuses ne veulent pas surtout, malgré leur ignorance parfois, c'est accepter un conseil d'un laïque, quelque justifié soit-il.

Aussi, après cela rien d'étonnant que les malades n'aient pas, dans les Hôpitaux non laïcisés, les soins qu'ils sont en droit d'y trouver.

Camarades,

De l'étude que nous avons faite sur la question, nous sommes persuadés qu'en poursuivant cette œuvre de laïcité, nous n'aurons pas seulement contribué à l'amélioration matérielle et morale de la situation du personnel laïque, nous aurons aussi travaillé pour tout le Prolétariat.

Comme nous le disons d'autre part dans notre rapport, n'oublions pas que c'est le Prolétariat qui est la principale clientèle de nos Hôpitaux, et qu'il est de notre devoir de prolétaires organisés, de travailler au bien-être de cette classe d'opprimés.

Oh ! nous savons que nous allons rencontrer de terribles adversaires, même chez certains ouvriers, victimes de leur ignorance, mais qu'importe, à vaincre sans péril l'on triomphe sans gloire.

Cette question de laïcisation a déjà fait verser des flots d'encre, il faut recommencer et continuer sans cesse. Notre principal adversaire, c'est l'ignorance du public sur notre vie d'Infirmier, c'est à nous de l'éduquer.

Intensifions la propagande sur ce sujet, portons la question à toutes les organisations économiques et voire même politiques.

Nous n'ignorons pas combien très souvent il y a loin du programme électoral à la réalisation de ce programme, mais quand même rappelons à tous les partis politiques qui ont inscrit cette laïcisation dans leurs programmes, qu'il serait temps de la mettre en application.

En le faisant, si l'effet n'est pas immédiat, nous aurons du moins jeté au vent la semence qui sera la récolte de la victoire de demain.

Nous vous demandons donc, Camarades, d'adopter le vœu suivant, laissant au Congrès et au Bureau fédéral, le soin d'organiser la campagne qui paraîtra la meilleure pour arriver à un bon résultat.

« Le Congrès,

« Considérant l'opposition irréductible de l'esprit démocratique et de l'esprit religieux ;

« Considérant qu'il se peut que les croyances religieuses aient pu, tout à fait exceptionnellement, provoquer des dévouements, mais qu'il n'en demeure pas moins que le fait de tout ramener aux desseins de la providence dispense la conscience, pour nos services hospitaliers, des religieux et religieuses d'apporter une collaboration intelligente, dévouée, désintéressée au progrès et à la science ;

« Considérant que la présence dans des services hospitaliers publics d'un personnel religieux constitue une atteinte permanente à la liberté de conscience ; cette action religieuse étant d'autant plus à redouter qu'elle s'exerce sur des êtres que la maladie a affaibli et qui demeurent sans défense ;

« Considérant d'autre part que la différence de traitement au profit du personnel religieux entre celui-ci et le personnel laïque, qui est volontairement maintenu dans la subordination du premier, constitue à la fois une erreur et une injustice ;

« Décide que toutes les organisations adhérentes, par tous les moyens en leur pouvoir, poursuivront une propagande active en faveur de la laïcisation des Hôpitaux, Hospices, Asiles et enfin de tous les Etablissements publics hospitaliers. »

RAYNAL. — J'estime que cette question est très urgente, mais il semble que nos efforts doivent tendre, avant de la solutionner, à mettre chaque sexe à sa place normale en donnant les services des femmes à la surveillance des femmes et réciproquement, en rendant l'emploi de surveillant accessible à tout Infirmier remplissant certaines conditions de pratique et de théorie nettement définies et généralisées dans tout le pays, cela afin de permettre la nationalisation du diplôme et faciliter les permutations. De cette façon le petit personnel pourra sortir de l'état d'abaissement et de servitude dans lequel il est maintenu par le régime religieux dont l'autocratie annihile ses inspirations les plus légitimes d'avancement et d'émancipation. Il est bon de remarquer également que l'esprit religieux est incompatible avec l'esprit laïque, qu'au contraire ils sont en opposition constante et qu'il n'existe aucun procédé, pouvant nuire à la vitalité, au recrutement et à la propagande des Syndicats, dont les religieuses ne soient disposées à se servir, afin de conserver leur autorité despotique et routinière. Il est bon, en conséquence d'inviter M. le Ministre de l'Intérieur à donner des instructions dans le sens que j'indique, de façon que cette mesure soit bientôt générale et applicable dans le plus bref délai.

CAZES reconnait les bienfaits de la laïcisation et se rallie à la motion de Peillod.

VALLENTIN demande l'ordre du jour pur et simple.

MERMA considère que, devant le rapport magistral présenté par Peillod et qui répond exactement aux circonstances, il est inadmissible de ne pas admettre les vœux émis par Peillod.

VALLENTIN demande l'insertion au journal de quelques fragments de ce rapport.

MERMA demande que l'on n'amoindrisse pas le rapport Peillod par des discussions futiles.

Le rapport et la motion, présentés par Peillod au nom du Syndicat de Lyon, sont adoptés à l'unanimité.

CHABERT donne lecture du rapport de la Commission nommée chargée de discuter le décret qui vise les Infirmières laïques dans les Hôpitaux militaires.

Rapport de la Commission au sujet du Rapport présenté par le Camarade Chabert, dans la première séance du Congrès sur le décret du 22 juillet 1909 (Organisation d'un personnel d'Infirmières dans les Hôpitaux militaires.)

Camarades,

Votre Commission s'est fait un devoir de vous soumettre ses conclusions sur le décret du 22 Juillet qui ouvre une carrière très honorable à nos Camarades femmes, en même temps qu'elle améliore sensiblement le traitement des hospitalisés.

Ainsi, la plupart des réclamations que nous avons présentées en vain à nos administrateurs respectifs, entrent dans le domaine des réclamations par la seule application du décret à une nouvelle catégorie d'employés.

En citant cet exemple, susceptible d'influencer nos administrateurs réfractaires à toute amélioration, nous nous permettrons cependant, tout en acquiesçant aux raisons qui ont motivé ce décret, d'émettre quelques observations :

ARTICLE PREMIER. — Des infirmières peuvent être attachées aux Hôpitaux militaires, pour être employées dans les salles de malades, etc.

Nous vous proposons de changer le mot peuvent par le mot doivent, le changement de ce mot impliquerait que la laïcisation est une chose accomplie dans les Hôpitaux militaires.

ART. 2. — Rien à changer.

ART. 3. — Le 2e paragraphe de cet article est ainsi conçu : Les candidates, nommées infirmières stagiaires, passé l'âge de 25 ans, n'ont pas droit au minimum de retraite garanti par l'article 10 du décret du 26 février 1897.

Nous vous proposons de changer ce paragraphe dans ce sens : que les Infirmières auront droit à la retraite proportionnelle jusqu'à l'âge de 35 ans.

ART. 4, 5, 6, 7, 8. — Rien à changer.

ART. 9. — Les Infirmières laïques sont, en principe, logées à l'hôpital, etc.

Nous vous proposons de changer les mots, en principe, par les mots, sont à leur choix logées. Le changement de ces mots donne plus d'élasticité et enlève à l'Administration d'avoir à se retrancher derrière le mot principe, pour refuser à nos camarades la faculté de loger et manger en ville.

ART. 10, 11, 12, 13, 14. — Rien à changer.

ART. 15. — L'avancement des Infirmières titulaires de la 3e à la 2e classe et celui de la 2e à la 1re classe aura lieu en raison d'un 1/3 au choix et 2/3 à l'ancienneté.

ART. 16, 17, 18. — Rien à changer.

ART. 19. — Application de la loi Millerand-Colliard.

ART. 20. — Service de veille par l'application des lois et décrets régissant le travail de nuit des femmes et enfants (Loi du 2 novembre 1892, modifiée par la loi du 30 mars 1909), 10 heures de travail.

ART. 21, 22, 23, 24. — Rien à changer.

ART. 25. — 3 mois de solde entière, 3 mois de demi-solde, au lieu de 3 mois de demi-solde et 1/4 pendant les trois mois suivants.

ART. 26, 27. — Rien à changer.

Nous concluons donc que le Bureau fédéral transmette le présent Rapport à M. le Ministre de la Guerre, en tenant la main à leur application ;

Que des démarches soient faites auprès du Ministre de la Marine, afin qu'il prenne la même mesure que son collègue de la Guerre.

Nous croyons, Camarades, que ces demandes ne sont pas exagérées et que nous sommes en droit d'espérer les voir bientôt nous être accordées.

Pour la Commission :

Le Rapporteur,
Louis CHABERT, de Toulon.

Le Rapport de la Commission et ses conclusions sont adoptées à l'unanimité.

A ce moment, RAYNAL revient sur la motion qu'il déposait tout à l'heure, mais que, pour ne pas nuire au Rapport Peillod, il avait suspendue, et il fait remarquer que les Camarades Peillod et Duval se sont ralliés à cette motion ainsi conçue :

Le Congrès donne mandat au Comité fédéral de faire le nécessaire auprès des Pouvoirs compétents, à seule fin que le personnel des Hôpitaux, Hospices et Asiles soit représenté au sein des Commissions d'Administrations des dits établissements, et que des instructions soient données aux Préfets, pour qu'ils activent la laïcisation des établissements hospitaliers, en mettant à la tête des Administrations des Hospices des hommes pénétrés de cette réforme.

PEILLOD, RAYNAL, DUVAL.

DEUTSCHER partage la façon de voir de Raynal et déclare qu'à Marseille les administrateurs sont cléricaux comme à Toulouse et cela depuis une demande que le Syndicat adressa au Préfet et dans laquelle il demandait le changement de quelques administrateurs ennemis de la laïcisation.

PEILLOD explique que cette motion sera plutôt à sa place dans la question qui a trait à la participation de délégués ouvriers dans les Commissions d'Administration des Hôpitaux et Hospices et la discussion est close.

La séance est levée à 6 heures.

Séance du 3 Septembre (matin)

La séance est ouverte à 8 heures du matin, sous la présidence du Camarade PEILLOD, *de Lyon,* assisté du Camarade GRIGLIONE, *de Pierrefeu.*

On passe à la question MUNICIPALISATION.

CHABERT dit que la question est mal posée et qu'elle ne peut s'appliquer qu'aux Hôpitaux; il y a donc lieu de la scindre en deux questions, dont l'une aura trait aux Hôpitaux et l'autre aux Asiles.

MERMA se rallie à la façon de voir de Chabert; comme lui, il croit que la question est mal présentée et qu'elle a besoin d'être sérieusement étudiée, et remarque que toutes les Administrations sont régies par des lois spéciales, n'ayant pas une connaissance approfondie de ces lois et règlements divers, il est à craindre que le Congrès passe à côté de la question s'il cherche à la discuter à fond. C'est ce système qui régit les diverses Administrations qu'il faut cho cher à transformer et pour ce faire il s'agit de le connaitre minutieusement. Merma demande que la question soit renvoyée au prochain Congrès, afin que chaque organisation puisse, dans ce laps de temps, établir un Rapport qui lui soit propre.

CHABERT explique qu'il est cependant nécessaire de prendre une détermination et demande que sa proposition soit prise en considération. Il en est ainsi fait, la proposition est mise aux voix et est adoptée.

La discussion porte donc d'abord sur la façon dont les Asiles envisagent la discussion sur cette question.

Griolione. — Cette question a une importance capitale, peut-être pour les grandes villes où existent des établissements, mais, à mon point de vue, la municipalisation des Services hospitaliers serait plutôt nuisible aux établissements situés dans les petites localités qu'elle ne leur serait favorable, et en voici la raison : en prenant pour exemple l'Asile de Pierrefeu.

Nous sommes, nous, régis par le département, et c'est grâce à la bienveillante générosité des Conseillers généraux que nous avons obtenu bien des améliorations, tels que congés annuels, journées de 12 heures par l'établissement de l'équipe de veille et les subventions qui nous permettent toutes les années d'envoyer un délégué au sein du Congrès pour représenter notre Syndicat. Si, au contraire, nous avions été municipalisés, nous n'aurions rien obtenu et nous n'obtiendrions plus rien, car la municipalité, n'étant pas riche, ne pourrait rien nous accorder et nous nous verrions dans l'obligation forcée de nous faire représenter au Congrès, au lieu d'y faire assister un de nos délégués. Le cas échéant peut se présenter dans plusieurs autres établissements et il vaut toujours mieux qu'il y ait un délégué de chaque Syndicat, car on exprime mieux ses idées soi-même que de les faire exprimer par un Camarade.

Un deuxième point de vue est celui de la stabilité du personnel qui, dépendant de la municipalité, serait peut être plus souvent renouvelé, soit par antipathie personnelle, soit par politique de tel ou tel conseiller municipal envers tel ou tel employé et cela à chaque renouvellement de municipalité ; il vaudrait donc mieux être gérés par le département que par la municipalité ou bien devenir employés de l'Etat ; il y a aussi lieu de faire remarquer que la plupart des Asiles étant propriété départementale, il est matériellement impossible que ces établissements soient gérés par les municipalités.

Cazes demande que les employés d'Asiles soient assimilés aux employés d'Etat. Il fait remarquer que la municipalisation n'est pas possible, parce qu'à Aix l'Asile est autonome, qu'il se suffit à lui-même et que la ville d'Aix ne peut prendre à sa charge un établissement qui reçoit les malades des autres établissements..

Vallentin remarque que la situation est précaire pour les employés des Asiles Nationaux ; il s'étonne que Cazes prenne pour exemple des établissements où le personnel est peut-être bien moins partagé qu'ailleurs et où, en tous cas, il est loin d'avoir reçu satisfaction. Il restera, quant à lui, dans le *statu quo*. Il donne connaissance d'un décret paru dans l'*Ouvrier Sanitaire* du 15 janvier dernier et il fait ressortir la différence qui existe entre la situation des employés d'Asiles nationaux et départementaux.

Il ajoute que depuis trois ans il lutte pour l'amélioration de leur existence, il n'est pas arrivé à un beau résultat; il engage les Camarades des Asiles départementaux, qui sont relativement mieux partagés sous le rapport du bien-être, à conserver les avantages acquis et à éviter la gaffe qui fait souvent lâcher la proie pour l'ombre. Il les engage à dégager de la question l'intérêt principal et cri casse-cou aux Camarades.

CAZES dit qu'il a envoyé au sénateur Flaissières une délégation dans le but de lui demander son appui et pour qu'il favorise les revendications du Syndicat des Infirmiers de l'Asile d'Aix; dans ces revendications, l'assimilation aux employés d'Etat a été demandée par le personnel d'Aix, si aujourd'hui le Congrès décide d'opter pour la municipalisation qui est un autre système, quelle sera la situation du Syndicat d'Aix vis-à-vis de M. Flaissières et quelle attitude ce dernier adoptera-t-il vis-à-vis de lui.

Il fait remarquer, en outre, que l'anarchie la plus complète règne dans l'établissement par suite de l'arbitraire qui dicte les actes de l'Administration et qui fait chaque jour des révoqués parmi le personnel, cela dans le but de favoriser les recommandations de personnes influentes.

VALLENTIN dit qu'aux Asiles Nationaux, l'Administration n'agit pas autrement, et que, de ce côté-là, Aix n'a rien à gagner en demandant l'assimilation de son personnel aux employés d'Etat.

CAZES persiste dans sa manière de voir et en fait une question de confiance.

PEILLOD lui fait remarquer qu'il va à l'encontre de ses intérêts.

MERMA se rallie à la façon de voir de Vallentin et de Peillod, il ajoute que quant à lui il croit possible de remuer un Conseil municipal ou un Conseil général, on peut en quelque sorte peser sur leurs décisions, mais on n'a plus la même prise sur l'Etat, bien plus incommode à manier; il cite l'exemple de Paris et préconise en terminant d'user de pression sur la volonté des Administrations, qui, malgré la situation pénible qu'elles créent parfois à leurs employés, offrent plus de chances de réussite à ceux qui font preuve d'énergie et de persévérance.

CAZES maintient plus que jamais sa proposition.

MERMA dit qu'il ne votera pas contre la proposition, mais il fait des réserves pour l'avenir.

GRIGLIONE, *de Pierrefeu*, et CAZES, *d'Aix*, déposent la motion suivante :

Que les employés des Asiles soient assimilés aux employés d'Etat.

BICHON dit qu'il n'est pas favorable à la proposition de Cazes et que le régime des employés d'Etat ne lui paraît pas devoir donner des résultats satisfaisants.

VALLENTIN engage Cazes à ne parler dans sa motion qu'au nom et pour le Syndicat d'Aix, de façon à laisser aux autres Asiles toute latitude d'adopter la forme d'Administration qui leur conviendra le mieux.

DUVAL fait remarquer que le point principal est d'arriver à des améliorations, peu importe sous quelle étiquette elles seront présentées ; quant à la motion des camarades Griglione et Cazes, rien n'empêche de la voter, parce que ce qu'il demande ce ne sera pas dans dix et peut-être vingt ans qu'ils l'auront, parce que l'Etat ne tient pas tant que cela à administrer les Asiles publics d'aliénés.

VALLENTIN voulait présenter une motion, mais, devant l'intransigeance des délégués de Pierrefeu et d'Aix et après réflexion, il la retire.

LE PRÉSIDENT met donc la motion Griglione et Cazes aux voix, celle-ci est adoptée par le Congrès, moins Vallentin et Merma qui s'abstiennent, Conord, contre.

MERMA fait remarquer que, depuis longtemps, la municipalisation est demandée à Paris, mais que jamais cette demande n'a été prise en considération ; il fait ressortir la différence qui existe entre l'Assistance Publique de Paris et celle de la province, il explique qu'à sa tête elle a un Directeur général qui, lui, est placé sous le contrôle d'un Conseil de surveillance ; d'autre part, les hôpitaux sont subventionnés par le Conseil municipal ; il demande l'assimilation des employés des Hôpitaux aux employés municipaux et surtout révision des règlements et décrets qui régissent les établissements hospitaliers.

CONORD, sur cette question, dit que les Asiles de la Seine étant départementaux et le personnel tendant à se rapprocher de plus en plus du personnel du département, nous appuyons cette revendication.

RAYNAL. — Je pense que la municipalisation est chose utile à tous les points de vue ; il est probable qu'elle entraînerait une réglementation plus sérieuse des services et de l'emploi du temps, elle ferait disparaître les nombreux abus dont une mauvaise gestion fait de la classe infirmière la première victime ; elle nous apporterait quelques réformes essentielles, telles que l'application des lois ouvrières, l'obtention des Congés annuels payés, les Conseils de discipline, etc., en un mot, elle serait pour notre corporation, comme pour tant d'autres qui sont soumises à ce régime, la base d'une organisation solide privilégiée et jouissant d'une certaine garantie. Il serait donc désirable que cette question soit sérieusement étudiée ici par le Congrès et que sa décision soit portée à la connaissance des Pouvoirs publics.

DUVAL. — Je demanderai que le Congrès reste dans la ligne de conduite que le Congrès de Lyon a tracée sur cette question, c'est-à-dire que tous les efforts des délégués devront se porter vers ce but.

PEILLOD met la motion suivante aux voix :

Le Congrès est partisan de la municipalisation des Services hospitaliers.

Cette motion est adoptée.

On passe à la question des CONGÉS ANNUELS.

CHABERT, s'appuyant sur les décisions prises par le Ministre de la Guerre dans son décret sur l'accession des Infirmières laïques diplômées aux emplois de cette catégorie dans les hôpitaux militaires, demande 25 jours de congé annuel payé.

MERMA appuie ces déclarations, toutefois il constate qu'un oubli y a été commis, qu'il mentionne en ces termes : *sans préjudice de l'application de la loi sur le repos hebdomadaire ;* il propose cette addition dans le but d'éviter un cas qui se produit assez souvent et qui fait que certaines Administrations enlèvent à leurs employés le bénéfice du repos hebdomadaire sous prétexte qu'ils rentrent de congé.

RAYNAL. — Les Infirmiers de Toulouse se plaignent fréquemment, et avec juste raison, de ce qu'ils ne peuvent disposer en temps utile d'un congé annuel payé. Toutes les fois qu'une demande dans ce sens a été faite, l'Administration a demandé au titulaire du congé un remplaçant qu'il doit payer de ses deniers. Il y a là un véritable abus qu'il serait temps d'enrayer. D'autre part, la durée des congés n'est pas limitée et subordonnée à la volonté du Docteur chef de service qui les accorde ou les refuse. Nous désirerions donc que les congés annuels aient une durée de 21 jours qui seraient accordés au choix de l'intéressé, lequel devrait cependant tenir compte des exigences du service. En terminant, je m'en rapporte à la décision du Congrès pour prendre telles mesures qu'il jugera favorable.

BICHON dit que c'est là le cas qui se produit à Bron et, à ce sujet, il dépose la motion suivante :

Le Syndicat des Infirmiers, Infirmières et similaires de l'Asile départemental du Rhône ayant actuellement un congé de 8 jours seulement, et, de ce fait, étant en retard vis-à-vis de leurs Camarades des autres Asiles et Hôpitaux de France, demande que la Fédération des Services de Santé fasse le nécessaire auprès des Pouvoirs compétents pour que ce congé soit réglementé partout dans les mêmes conditions et qu'il soit accordé séparément des jours de repos hebdomadaire, ce qui n'existe pas.

Une seconde motion, déposée immédiatement par les Camarades PEILLOD, DUVAL, MERMA et CHABERT, est ainsi conçue :

Le Congrès, se rapportant au décret du Ministre de la Guerre du 22 juillet 1909, demande un congé annuel de 25 jours, indépendamment des jours de repos hebdomadaire.

Cette motion est adoptée à l'unanimité par les Congressistes.

La séance est levée.

Séance du 3 Septembre (après-midi)

La séance est ouverte à 2 heures, sous la présidence du Camarade MERMA, *de Paris*, assisté du Camarade MICHELETTI, *de Nice*.

On passe à la question des LOIS OUVRIÈRES.

MERMA dit qu'à Paris les employés de l'Assistance Publique ont droit à la retraite entière, mais non à la retraite proportionnelle ; il demande que la retraite soit accordée après vingt-cinq ans de service et 50 ans d'âge, avec le droit à la proportionnelle, c'est-à-dire la faculté pour l'intéressé de se retirer après quinze ans de services.

VALLENTIN dit quels efforts ils ont dû faire aux Asiles Nationaux pour arriver à une pension de retraite ; ils ont obtenu un projet qui est à l'étude. Actuellement, ils doivent aller jusqu'à 60 ans d'âge pour obtenir 350 ou 380 francs : ils ont pu obtenir que le décret, qui réglemente sous ce rapport les Asiles, soit révisé et approprié à des besoins nouveaux ; il termine en demandant la retraite à vingt-cinq ans de service et 50 ans d'âge.

CHABERT demande de donner mandat au Comité fédéral pour qu'il appuie les réclamations formulées par Paris et les Asiles Nationaux, et dépose une motion ainsi conçue :

Le Congrès prend acte de la situation déplorable qui est faite aux Asiles Nationaux, au point de vue des retraites, et donne mandat au Comité fédéral de faire le nécessaire à ce sujet.

CHABERT, PEILLOD.

Raynal. — J'estime que l'application des lois ouvrières devrait être depuis longtemps un fait accompli. Il ne faut pas nous dissimuler le retard que nous avons, sous ce rapport, auprès de beaucoup d'autres corporations, qui, si elles ne jouissent pas de la totalité des avantages procurés par les dites lois, en connaissent tout au moins une grande partie. Je pense que la municipalisation pourrait faire, en peu de temps, beaucoup plus que nous ne ferons de longtemps dans ce but, et c'est pourquoi, précédemment, je me suis prononcé nettement pour ce système d'Administration. Toutefois, s'il advenait que nous ne soyons pas secondés par les Municipalités intéressées, la Fédération devrait saisir les Pouvoirs publics des illégalités qui se commettent malgré la loi. Je désirerais aussi être fixé sur le point de savoir si oui ou non nous sommes visés par la loi sur les accidents de travail et si nous pouvons en recueillir les bénéfices, en cas de négative, je demande quelles démarches le Congrès va indiquer; pour ma part, je me rallie aux décisions prises au dernier Congrès de Lyon. Il semble que la question de l'hygiène doive rester purement locale, qu'il appartient à chaque Syndicat de demander la création de dortoirs et réfectoires pour le personnel, comme le cas se présente pour Toulouse, mais que les conditions d'hygiène, en général, qui se rapportent au personnel des Hôpitaux et Asiles comme à celui des établissements industriels privés, soient soumises au contrôle des Inspecteurs du Comité d'hygiène.

Conord donne lecture de l'arrêté réglementaire relatif à la constitution de retraites en faveur des agents du personnel secondaire et ouvrier des Asiles publics de la Seine; arrêté ainsi conçu :

ARRÊTÉ RÉGLEMENTAIRE

relatif à la constitution de retraites en faveur des Agents du Personnel secondaire et ouvrier des Asiles publics de la Seine.

Le Préfet de la Seine,

Vu la délibération du Conseil général en date du 22 décembre 1906, relative à la constitution de retraites en faveur des Agents des Personnels secondaire et ouvrier des Asiles publics d'aliénés de la Seine ;

Vu l'arrêté du 12 juillet 1887, qui a institué des indemnités représentatives de repos au profit des Agents du Personnel secondaire des mêmes Asiles ;

Vu la loi du 18 juillet 1866 ;

Vu le rapport du Directeur des Affaires départementales ;

Sur la proposition du Directeur du Personnel ;

Le Secrétaire général de la Préfecture entendu ;

Arrête :

Article premier. — A partir du 1er janvier 1907, une retenue de 5 % sera prélevée à la fin de chaque mois sur la totalité du traitement et des indemnités représentatives des avantages en nature de chaque Agent des deux sexes du Personnel secondaire des Asiles publics d'aliénés de la Seine et sera versée à son nom et à capital aliéné à la Caisse Nationale des Retraites pour la Vieillesse.

Une retenue de 5 % sera prélevée dans les mêmes conditions sur le salaire mensuel de chaque ouvrier et ouvrière titulaire desdits établissements, et versée à son nom et à capital aliéné à la Caisse nationale des retraites pour la vieillesse.

Le traitement et les indemnités représentatives des Agents du Personnel secondaire des Asiles sont ceux afférents à chaque grade et à chaque classe, conformément aux arrêtés en vigueur ; le salaire du Personnel ouvrier payé à la journée est payé sur vingt-sept jours de travail ou de repos payés par mois.

ART. 2. — Une somme de 7 fr. 50 par mois sera versée à la même Caisse au nom de chaque Agent ou Ouvrier titulaire, et dans les mêmes conditions à titre de subvention du Département.

ART. 3. — Les sommes versées à titre de subvention par le Département, ainsi que les retenues opérées sur les traitements et salaires profiteront, en cas de mariage du bénéficiaire, à chaque conjoint par moitié et demeureront définitivement acquises aux intéressés, même s'ils quittent l'Administration pour un motif quelconque. Toutefois, la subvention du Département profitera à la femme seule lorsque son mari n'appartiendra pas à l'Administration.

ART. 4. — Les rentes viagères produites par la subvention du Département sont incessibles et insaisissables en totalité.

ART. 5. — L'âge d'entrée en jouissance pour les intéressés est fixé à cinquante ans ; toutefois, ceux qui seraient jugés aptes à continuer utilement leur service et qui seraient maintenus en fonctions après cet âge auront la faculté de reporter, d'année en année, jusqu'à soixante-cinq ans, la date d'entrée en jouissance de leur rente.

L'entrée en jouissance de la rente du conjoint, qui n'est pas lui-même Agent ou Ouvrier des Asiles, est également fixée à cinquante ans ou, s'il dépasse cet âge, à l'année qui suivra le premier versement fait à son nom.

La liquidation de la rente du conjoint non employé dans un service de l'Administration sera ajournée tant que l'autre époux restera en fonctions.

ART. 6. — Il ne sera plus opéré de retenues sur les traitements et les salaires lorsque l'Agent ou l'Ouvrier, maintenu en fonctions, aura droit à la rente maximum de 1.200 francs, et la subvention du Département cessera d'être versée à son nom.

Cependant, si la femme de l'Employé ou de l'Ouvrier n'a pas encore droit à la rente maximum de 1.200 francs, la retenue continuera à être opérée sur le traitement ou le salaire de son mari et sera versée, ainsi que la subvention du Département, au nom seul de la femme.

ART. 7. — L'Agent ou l'Ouvrier atteint de blessures graves ou d'infirmités entraînant l'incapacité absolue et permanente de travail pourra être retraité par anticipation, sa rente viagère sera liquidée conformément à l'article 12 de la loi du 20 juillet 1886.

Si l'Agent ou l'Ouvrier a été blessé dans le service ou à l'occasion du service, il lui sera accordé, en sus de la rente viagère à laquelle il aura droit, un secours annuel et viager, calculé conformément à la loi du 9 avril 1898 et payable sur le budget départemental.

Art. 8. — Chaque Agent ou Ouvrier des deux sexes qui deviendra veuf, et dont le conjoint décédé sera étranger à l'Administration, recevra un secours viager égal à la rente produite par les versements faits au nom du conjoint.

L'ensemble du secours viager et de la rente attribuée personnellement à l'Agent ou l'Ouvrier ne pourra dépasser le maximum de 1.200 francs.

Lorsqu'un Agent ou un Ouvrier en activité de service ou retraité viendra à décéder, il sera accordé à sa veuve, à condition qu'elle ne soit elle-même ni Agent ni Ouvrière en possession ou non de sa rente, un secours annuel et viager égal au tiers de la pension du défunt liquidée au moment de son décès.

L'ensemble du secours viager et la rente réunis ne devra pas être inférieur à 100 francs, ni supérieur à la pension de l'époux décédé, ni dépasser 600 francs.

Dans ces différents cas, le secours annuel et viager est à la charge du Département.

Art. 9. — La veuve doit justifier, pour recevoir le secours annuel et viager prévu au paragraphe 4 de l'article précédent :

1° Que l'époux décédé comptait au moins dix ans de service au Département ;

2° Qu'aucun jugement séparatif de corps ou de divorce n'a été prononcé contre le survivant ;

3° En outre, dans le cas où l'époux Agent ou Ouvrier est décédé en position de retraite, qu'il était marié depuis cinq ans avant la cessation d'activité de l'époux Agent ou Ouvrier.

L'époux qui se remarie perd droit aux secours annuel et viager.

Art. 10. — Si l'Agent ou l'Ouvrier ne laisse pas de conjoint survivant, ou si ce dernier n'a pas droit au secours viager prévu par l'article 8, le montant du secours auquel il aurait eu droit sera réparti par parties égales, sans reversibilité de l'un à l'autre, entre les enfants, s'il en existe, légitimes ou naturels, reconnus par l'Agent ou l'Ouvrier et âgés de moins de dix-huit ans.

Si l'Agent ou l'Ouvrier laisse un conjoint ayant droit à un secours annuel et viager, les enfants qu'il aurait eus de mariages antérieurs et les enfants naturels qu'il aurait reconnus, recevront jusqu'à dix-huit ans des secours temporaires calculés comme il est dit ci-dessus.

Art. 11. — Lorsqu'un Agent ou un Ouvrier est tué en service ou succombe à la suite de blessures reçues à l'occasion du service, le secours de 500 francs prévu à l'article 11 de l'arrêté préfectoral du 16 octobre 1905 en faveur des veuves et des orphelins des Ouvriers départementaux tués sur les travaux, est accordé soit à l'époux survivant, soit à ses enfants ou, à leur défaut, au père ou à la mère du décédé.

Le conjoint non séparé de corps, quelle que soit la durée des services de l'époux décédé, aura droit, en dehors de la rente à laquelle il pourra prétendre sur la Caisse Nationale des Retraites pour la Vieillesse, au secours annuel et viager prévu à l'article 3/A de la loi du 9 avril 1898.

Les enfants mineurs légitimes ou naturels reconnus avant l'accident recevront, jusqu'à l'âge de dix-huit ans révolus, les secours annuels prévus par la loi du 9 avril 1898.

Dans le cas où le jugement séparatif de corps aurait été prononcé contre l'époux survivant, et dans le cas où il contracterait un nouveau mariage, les secours annuels de ses enfants seront fixés à la quotité établie par ladite loi en faveur des orphelins de père et de mère.

ART. 12. — La rente, qui est prise pour base dans la fixation des secours à accorder aux Agents ou Ouvriers devenus veufs, à leurs conjoints survivants ou au enfants mineurs, est la rente produite par le versement des retenues obligatoires et de la subvention du Département, à l'exclusion des rentes produites par des versements volontaires.

DISPOSITIONS TRANSITOIRES

ART. 13. — Les retraites à allouer aux Agents et Ouvriers des Asiles, à partir du 1er janvier 1907, seront calculées de la manière suivante :

a) Pour les Agents et Ouvriers entrés au service postérieurement à cette date, la retraite sera exclusivement constituée par le versement des retenues et des subventions effectué à la Caisse Nationale des Retraites sur la Vieillesse dans les conditions stipulées au présent règlement.

b) Pour les Agents du Personnel secondaire, entrés au service avant le 1er janvier 1907, la retraite continuera à être calculée conformément aux dispositions de l'arrêté préfectoral du 12 juillet 1887 relatif aux indemnités représentatives de repos, mais au moment du règlement de ladite retraite, il sera fait déduction sur le chiffre total ainsi obtenu du montant de la rente qui aura été produite, depuis le 1er janvier 1907, par les retenues et subventions en vertu des prescriptions du présent règlement.

Les Ouvriers entrés en fonctions après le 1er janvier 1907, ne pourront avoir droit qu'à la rente produite par le versement des retenues et subventions effectué à la Caisse nationale des retraites à compter de cette date.

Quant à ceux qui sont entrés en fonctions avant le 1er janvier 1907, ils recevront, en sus de la rente précitée, un secours viager de 25 francs par année de service antérieure à l'application du présent règlement.

Le total de la rente et du secours viager ne pourra dépasser 1.200 francs, ni être inférieur à 700 francs, si l'Ouvrier est âgé de soixante-cinq ans et compte au moins vingt ans de services.

ART. 14. — Les Agents et Ouvriers qui seraient, pour des raisons de santé, dans l'obligation de cesser avant de pouvoir entrer en jouissance de leur rente, c'est-à-dire avant cinquante ans, bénéficieront, en attendant leur cinquantième année, d'un secours annuel et viager égal au montant de leur rente et qui sera exclusivement à la charge du Département.

Art. 15. — L'arrêté préfectoral du 12 juillet 1887 est abrogé dans celles de ses dispositions qui sont contraires au présent règlement, qui sera appliqué à tous les Agents des deux sexes du Personnel secondaire et aux Ouvriers des Asiles publics d'aliénés de la Seine, à partir du 1er janvier 1907, et sera inséré au « Recueil des Actes administratifs de la Préfecture de la Seine ».

Fait à Paris, le 10 avril 1907.

Le Préfet de la Seine,
J. de Selves.

Bichon, *de Bron*. — J'ai l'honneur de porter à la connaissance des Camarades le projet de retraite que l'on va nous appliquer à Bron :

Règlement sur les retraites du Personnel

Article premier. — Il est prélevé mensuellement à partir du 1er janvier 1910, une retenue de 4 % sur le traitement de chaque Agent du Personnel sulbaterne de l'Asile, y compris une somme uniforme de 700 francs, valeur représentative des avantages en nature.

Art. 2. — Le montant de cette retenue est versé trimestriellement à la Caisse Nationale des Retraites sur la Vieillesse, à capital aliéné ou à capital réservé au choix de l'Agent.

Art. 3. — En même temps qu'il fait inscrire sur le livret de l'Agent le montant des retenues précitées, l'Asile y verse à capital aliéné une part contributive qui est :

Pour les préposés, de 4 % sur le traitement avantages en nature compris ;

Pour les Infirmiers, de 4 % sur le traitement plus 8 francs par an (2 francs par trimestre) sur la valeur représentative des avantages en nature.

En aucun cas la part contributive de l'Asile ne peut être supérieure à 72 francs.

Art. 4. — Toutefois, la part contributive de l'Asile n'est versée sur le livret de l'Agent que lorsque celui-ci a accompli deux ans de service depuis la titularisation.

Durant cette période elle reste entre les mains du receveur.

Si l'Agent reste au service de l'Asile, le receveur verse en une seule fois, dans les dix premiers jours du mois qui suit l'expiration de la deuxième année, la part contributive prévue à l'article 3.

Art. 5. — L'âge de la retraite, variable suivant l'âge auquel est fait le premier versement, est fixé par l'intéressé, mais ne peut dépasser :

53 ans, si le premier versement est fait à 21 ans ou au-dessous ;

54 ans, si le premier versement est fait à 22 ou 23 ans ;

55 ans, si le premier versement est fait à 24 ans ou au-dessus.

Art. 6. — Si l'Agent est encore en fonctions à l'âge fixé pour la retraite, l'époque d'entrée en jouissance pourra être ajournée dans les conditions prévues par les lois et règlements sur la Caisse Nationale des Retraites.

ART. 7. — Les Agents du Service médical recevront, quand ils auront accompli vingt ans dans ce service, une pension temporaire de :

400 francs pour les Sous-Surveillants généraux ;
360 francs pour les Chefs de quartier ;
320 francs pour les Sous-Chefs de quartier ;
300 francs pour les Infirmiers.

A partir de quinze ans accomplis dans le service médical, l'Agent qui désire se retirer peut obtenir une pension proportionnelle calculée sur les chiffres précités avec réduction d'une vingtième par année restant à accomplir pour parfaire les vingt ans. (Le décompte est fait par trimestre.)

La pension entière ou proportionnelle sera payée trimestriellement ou par semestre, au choix de l'intéressé, jusqu'à la date d'entrée en jouissance de la retraite.

ART. 8. — A cette date, l'Agent recevra de l'établissement une majoration de retraite décomptée à raison de 5 francs par année accomplie comme Infirmier ; 6 francs comme Sous-Chef ; 7 francs comme Chef de quartier ; 8 francs comme Sous-Surveillant général. Ces chiffres sont majorés de 1 franc pour les années accomplies avec le brevet d'Infirmier ou d'Infirmière.

ART. 9. — Il sera constitué par l'Asile un fonds de réserve destiné au service des pensions et majoration prévues aux articles 7 et 8. Il sera alimenté :

1° Par le versement, pour chaque Agent visé à l'article 7, d'une somme annuelle de 20 francs ;

2° Par le versement des parts contributives acquises à l'établissement par le départ des Agents avant l'expiration des deux années (art. 5) ;

3° Par les prélèvements opérés sur les disponibilités budgétaires, après avis conforme de la Commission de surveillance.

ART. 10. — Les versements effectués sont inscrits sur un livret individuel, qui est la propriété de l'Agent et qui lui est remis quand il quitte l'établissement.

Les versements non encore effectués au moment du départ le seront dans un délai de quinze jours.

Le mois de départ ne compte pas pour le versement de l'Asile s'il n'est pas complet.

ART. 11. — La comptabilité des versements à la Caisse Nationale des Retraites pour la Vieillesse est tenue par le Receveur sur un registre spécial où sont inscrits au nom de chaque Agent :

1° Le numéro de son livret ;
2° Les déclarations portées audit livret ;
3° Le montant des versements effectués par lui et par l'Asile ;
4° La rente viagère correspondante.

Les livrets sont conservés par le Receveur, qui les garde tant que l'Agent est au service de l'établissement et sans qu'il puisse le retirer.

Il pourra en être donné connaissance à l'intéressé, chaque trimestre, sur sa demande.

ART. 12. — Sont soumis au présent règlement de retraite :

Tous les Agents non encore titularisés à la date de la mise en vigueur ;

Tous les Agents titularisés qui n'ont pas, à cette même date, accompli deux années entières de services ou atteint l'âge de 35 ans ;

Tous les Agents au-dessous de 35 ans qui ne sont pas admis au bénéfice de la reposance.

ART. 13. — Les Agents visés au deuxième paragraphe de l'article 12, et que le règlement admet actuellement au bénéfice de la reposance, recevront, lors de la liquidation de la retraite, une majoration calculée à raison de 24 francs pour les femmes, 25 francs pour les hommes, par année antérieure à la mise à exécution du présent règlement, les années postérieures étant comptées conformément à l'article 8. (Le décompte sera fait par trimestre.)

ART. 14. — Tous les autres Agents en fonction, comptant moins de quatorze années de service ou âgés de moins de 35 ans, sont astreints aux versements prévus par l'article premier et auront droit à la part contributive de l'Asile.

Ceux qui ont le bénéfice de la reposance recevront, lors de leur départ et jusqu'à l'entrée en jouissance de la retraite, une pension temporaire égale au chiffre qu'ils auraient obtenu après quinze ans de service avec le régime de la reposance, et à la date de la retraite une majoration fixée à 1/15 du chiffre de cette reposance à quinze ans par année antérieure à la mise à exécution du présent règlement. Les années postérieures seront décomptées conformément à l'article 8.

En aucun cas le montant de la retraite, y compris le produit de leurs versements obligatoires, ne sera inférieur au chiffre de la reposance auquel ils auraient eu droit.

L'insuffisance sera, s'il y a lieu, payée par l'Asile.

ART. 15. — Pour tous les Agents titularisés en fonctions, au moment de la mise en vigueur du présent règlement, l'âge maximum de la retraite prévu à l'article 5 sera retardé d'une année et compté comme si le premier versement avait eu lieu dans le premier trimestre de l'entrée en service, sans cependant pouvoir dépasser l'âge de 55 ans.

ART. 16. — Les Agents qui, à la date de la mise en vigueur, auront 35 ans et ceux qui, moins âgés, comptent à cette même date quatorze années complètes de service peuvent, sur demande écrite et déposée au Secrétariat, dans les trois mois qui suivront, être dispensés des versements.

MICHELETTI demande pourquoi les délégués fixent une limite d'âge ; il désire que chaque organisation soit laissée libre de négocier avec son Administration la durée des services nécessaires pour avoir droit à la retraite et, se basant sur cette indépendance, il affirme qu'il demandera la retraite proportionnelle à quinze ans et entière à vingt ans, service militaire compris. Il s'appuie en cela sur ce fait, depuis longtemps acquis, que la majorité des Infirmiers ne dépasse pas cette limite de services, parce qu'ils succombent sous les attaques de la maladie, en particulier de la tuberculose.

DEUTSCHER se rallie à la façon de voir de Micheletti, il

demande comme lui que la retraite entière soit accordée à vingt ans de services; il ajoute qu'à Marseille il existe des précédents de la retraite proportionnelle (après quinze ans de services, certains Camarades ont pu obtenir 600 francs de retraite après versement).

VALLENTIN est d'avis que l'on doit suivre l'exemple des Allemands qui ont la retraite entière au bout de quinze ans de services.

MICHELETTI se rallie à cette proposition.

VIGUIER demande que l'on ait droit à la retraite proportionnelle à quinze ans de services, entière à vingt ans et progressive au-delà.

MERMA revient sur sa première déclaration et déclare à nouveau qu'à l'Assistance Publique de Paris, les Infirmiers n'ont pas droit à la retraite proportionnelle.

CAZES demande la retraite entière à vingt ou vingt-cinq ans de services sans limite d'âge, il déclare que leur Administration étant autonome, elle n'a aucun règlement qui l'oblige à verser une retraite à son personnel.

MERMA et VALLENTIN déposent une motion à ce sujet.

MERMA appuie sa motion parce que la teneur en est plus commode à obtenir.

DEUTSCHER insiste sur la proposition de retraite entière à vingt ans de service, il fait remarquer les dangers qui entourent la corporation et que l'on peut signaler aux Pouvoirs publics à titre d'indication.

MERMA et VALLENTIN se rallient à cette proposition et modifient le texte de leur motion qui, de ce fait, se trouve ainsi conçu :

Le Congrès donne mandat au Bureau fédéral de faire toutes démarches et action nécessaires auprès des Pouvoirs publics pour l'obtention d'une retraite au personnel des Asiles, Hôpitaux et Hospices (cette retraite sera proportionnelle à quinze ans de services et entière à vingt ans de services) et d'appuyer par tous les moyens les organisations sur ce sujet.

VALLENTIN, Asiles Nationaux ; MERMA, Non Gradés de Paris.

La motion Merma et Vallentin, mise aux voix, est adoptée.

ACCIDENTS DU TRAVAIL

MERMA estime qu'il y a lieu de discuter à fond cette question et donne lecture du rapport suivant :

SYNDICAT DU PERSONNEL NON GRADÉ DES HOPITAUX DE LA SEINE

Rapport sur l'application au Personnel Hospitalier de la loi du 9 avril 1898

Parmi toutes les lois, dites lois ouvrières, il en est une qui, dès son apparition, aurait dû être appliquée au Personnel Hosspitalier ; celle du 9 avril 1898, sur les risques professionnels autrement dit, loi sur les Accidents du Travail. En effet, dans peu de professions, les risques de blessures reçues au cours du service ne sont aussi grands et peuvent avoir d'aussi graves conséquences que dans la nôtre. Nombre d'Infirmiers sont morts de piqûres septiques ou de coups reçus en service, par des malades agités, d'autres sont restés infirmes. Aussi, l'application de cette loi à la corporation infirmière serait-il un acte de justice sociale.

Au profit de qui existe le régime du risque professionnel? En quelles circonstances intervient son application? Nous est-il applicable? Si oui, dans quelles conditions? Telles sont les questions auxquelles nous allons nous efforcer de répondre.

Au profit de qui existe le régime du risque professionnel? La loi du 9 avril 1898, d'abord applicable qu'aux entreprises industrielles, fut étendue par la loi du 30 juin 1899 aux exploitations agricoles sous certaines réserves ; puis, par la loi du 12 avril 1906, à toutes les exploitations commerciales sans restrictions ni conditions particulières.

Les ouvriers et employés autres que ceux employés dans les entreprises ci-dessus sont sous l'empire du droit commun. Le Personnel des Hôpitaux, Hospices, Dispensaires, les domestiques, etc., font partie de cette catégorie de travailleurs non assujettis à la loi.

Avant d'examiner plus longuement la question de son application, voyons qu'est-ce qu'un accident du travail et qu'est-ce qu'une maladie professionnelle.

L'ACCIDENT DU TRAVAIL, dit M. le Juge André, dans son livre « Les Accidents du Travail », est une atteinte fortuite du corps humain ayant pour résultat la mort ou une lésion physique provenant de l'action soudaine d'une cause extérieure.

LA MALADIE PROFESSIONNELLE se différencie de l'accident du travail en ce qu'elle est produite par une cause lente et continue. Le séjour journalier, que, pour l'accomplissement de notre travail, nous faisons dans nos salles surchargées de malades, et dont, de ce fait, le cube d'air est insuffisant, nous conduit à notre maladie professionnelle : la tuberculose pulmonaire.

Un ouvrier, au cours de son travail, se brûle en se renversant de l'acide sulfurique sur les mains, il y a accident, parce que le fait est brusque, anormal ; un débardeur, déchargeant du ciment ou de la chaux, est brûlé à la fin de la journée par les poussières mélangées à la sueur, il y a maladie professionnelle, la brûlure étant produite lentement.

Ainsi, la loi est précise sur ce point ; elle écarte les maladies professionnelles du régime du risque professionnel. Pour nous, Infirmiers, toutes maladies contractées en service ne peuvent, étant donné la jurisprudence actuelle, être considérées comme accident du travail. Espérons, souhaitons même, que dans un avenir prochain les maladies professionnelles seront considérées comme accident du travail, cela ne sera que justice, puisque contractées au cours de ce dernier.

La loi de 1898 (1) nous est-elle applicable? Sans hésitation, nous répondons OUI. Point n'est besoin pour cela d'aucune modification. En effet, la loi du 18 juillet 1907 permet l'assujet-

(1) Voir l'Annexe

tissement facultatif, c'est-à-dire que des corporations, comme la nôtre non comprise dans la loi, peuvent l'être du fait de la volonté de leur Administration ou patron. Sur la demande du Syndicat des Non Gradés, l'Administration de l'Assistance Publique à Paris a admis que la déclaration d'accidents, survenus aux Infirmiers au cours de leur travail, serait déclarée à la Mairie, tout comme pour les professionnels, c'est-à-dire buandier, maçon, mécanicien, etc., employés à l'Hôpital, qui, eux sont, aux termes mêmes de la loi, assujettis. Cette mesure a été confirmée par la circulaire suivante, adressée en date du 27 février 1908 à tous les Directeurs d'établissements dépendant de l'Assistance Publique :

« Monsieur le Directeur,

« Mon attention a été appelée sur l'intérêt qu'il pourrait y avoir à ce que les accidents, survenus par le fait ou à l'occasion du travail aux Agents du Personnel Hospitalier, fussent déclarés à la Mairie dans les mêmes conditions que pour le personnel ouvrier.

« Bien que la réglementation actuelle, relative aux traitements alloués en cas d'accidents ou de blessures aux agents hospitaliers, leur assure d'une façon générale une situation supérieure à celle qui leur est faite par l'application de la loi du 9 avril 1908, je ne vois aucune objection à opposer au vœu exprimé par ces Agents, tendant à ce que dorénavant tout accident survenu pendant le travait à un Agent hospitalier soit déclaré par vous à la Mairie, dans la forme prescrite par l'article de la dite loi.

« Cette déclaration ne devra pas vous dispenser d'adresser, comme vous l'avez fait jusqu'à ce jour, à l'Administration centrale, pour être classés au dossier de l'intéressé, tous rapports ou certificats relatifs à l'accident.

« Le Directeur de l'Administration de l'Assistance Publique,

« Signé : G. Mesureur. »

Il ne faudrait pas conclure du fait de cette circulaire que le Personnel de l'Assistance Publique à Paris est assujetti à la loi de 1898. Cette circulaire n'a pour but que de donner au Personnel une garantie. Bien qu'à l'Assistance Publique de Paris, en vertu du règlement du 7 mars 1904, relatif aux pensions de retraite du Personnel hospitalier, le Personnel jouisse vis-à-vis de ses Collègues de province d'une situation privilégiée, nous estimons qu'il y a encore une lacune. L'article 7 est ainsi conçu : « Les Agents de tous grades du Personnel hospitalier ayant même moins de quinze années de service, qui seraient mis hors d'état de travailler pour vivre par une blessure ou un accident survenu dans l'accomplissement de leur service, pourront recevoir la pension maxima afférente à leur grade et indiquée au tableau de l'article 1er du présent arrêté. »

Comme nous le disons plus haut, il y a une lacune, c'est qu'en ce qui concerne l'Assistance Publique, qui pourrait être prise comme exemple, seuls les Agents atteints d'incapacité absolue auraient droit à une indemnité. Nous avons dit que, malgré la circulaire du 27 février 1908, prescrivant aux Directeurs de faire leur déclaration, nous n'étions pas assujettis à l'Assistance Publique. En voici la preuve : Une nourrice de la Maternité, Mlle Marie G... (1), se pique avec une épingle en emmaillottant un enfant syphilitique ; elle fut contaminée, fit tous les accidents consécutifs. Elle poursuivit l'Assistance Publique non pas sous bénéfice de la loi de 1898 mais sous celui du droit commun, l'affaire est pendante et notre Collègue reçut une première satisfaction par un jugement rendu le 11 août dernier, par la première Chambre civile, qui accorde à cette Camarade 1.000 francs à titre de provision, en attendant le jugement définitif après expertise de trois Médecins spécialistes qui l'examineront.

Nous avons dit que le bénéfice de la loi de 1898 est refusé à la corporation Infirmière. Voici, à ce sujet, un jugement rendu par le Tribunal civil de la Seine contre un Infirmier de l'Hôpital Saint-Joseph, de Paris :

« Le Tribunal,

« Attendu qu'Engelvin (Pierre), agissant au nom et comme administrateur légal d'Engelvin (Alphonse), son fils mineur, expose que ce dernier, employé comme Infirmier et garçon de salle à l'Hôpital Saint-Joseph, en tirant, le 22 février 1907, un traineau servant à cirer le parquet, est tombé et s'est fracturé le poignet gauche ;

« Attendu que l'Hôpital Saint-Joseph est une entreprise privée, une œuvre de bienfaisance fondée et entretenue par des dons et legs et souscriptions ;

« Attendu, il est vrai, qu'on reçoit des malades payants ;

« Mais attendu, d'autre part, que le prix de journée réclamé à ces malades est de trois francs pour le traitement en salle commune et de cinq francs en chambre particulière, que ce prix est inférieur à celui de l'Assistance et ne couvre pas les dépenses du traitement ;

« Attendu, d'autre part, que le budget de 1906, sur un total de recettes ordinaires s'élevant à 478.687 fr. 66, les versements pour journées de malades n'atteignent que 84.911 francs ;

« Attendu qu'on ne peut pas, dans ces circonstances, assimiler l'Hôpital Saint-Joseph aux maisons de Santé visées au tableau C, 3e partie du décret du 27 septembre 1906, rendu en exécution de la loi du 12 avril 1906 ;

« Attendu, en effet, que la faible rétribution versée par de rares malades ne fait pas perdre à l'Hôpital Saint-Joseph son caractère d'établissement de bienfaisance et ne saurait être considéré comme constituant un acte de commerce dans les termes de l'article 632 du Code du Commerce ;

« Qu'en conséquence, Engelvin, ès-nom, ne peut se prévaloir des dispositions de la loi du 9 avril 1898 ;

« Par ces motifs ;

« Déclare Engelvin, ès-nom, non recevable en sa demande de rente ;

« L'en déboute. »

Il semblerait résulter de l'exposé ci-dessus que la loi de 1898 n'est pas applicable, bien au contraire, mais pour cela il faut qu'il y ait consentement des deux parties, conformément à la loi du 18 juillet 1907.

Etant donné la situation faite au personnel des Hôpitaux

(1) Voir l'Annexe.

et Hospices, c'est-à-dire que dans la plupart des cas, ces Camarades n'ont pas de pension de retraite, que même à Paris, la situation faite au personnel, en cas d'accident entraînant une incapacité permanente et partielle, ne nous donne aucune garantie, le Syndicat des Non Gradés a cru devoir axaminer de près cette question.

Nos Camarades de province prennent souvent comme modèle l'Assistance Publique de Paris, mais, nous, nous estimons que la situation du Personnel dans cette Administration est loin d'être idéale et de nous satisfaire, partant d'être prise comme modèle.

C'est pourquoi nous demandons à ce que la loi nous soit applicable.

Point pour cela d'une nouvelle loi ou d'un décret, il suffit en effet que les Administrations d'accord avec leur Personnel s'assujettissent conformément à la loi du 18 juillet 1907.

Etant assujetti et en cas de blessure entraînant une diminution des capacités professionnelles, c'est-à-dire une incapacité permanente et partielle donnant droit à une rente égale à la moitié du pourcentage accordé, cette rente peut-elle cumuler avec la retraite faite à l'intéressé par son Administration ?

A notre avis, oui, si l'accident est la cause de la mise à la retraite.

Admettons un employé ayant trait à la retraite proportionnelle, les suites de son accident font qu'il ne peut continuer son service à l'Administration, nous estimons qu'il a droit de ce fait à sa retraite, plus à la rente auquel il a droit du fait de son accident. La jurisprudence courante semble sur ce point nous donner raison. Ainsi, s'exprime la Cour d'Appel de Bourges, dans un jugement rendu le 26 novembre 1900 :

. . . .

« Par ces motifs :

« Confirme le jugement dont est appel, en ce que la rente annuelle et viagère, au service de laquelle Compagnie d'Orléans a été condamnée envers SOULAT, a été fixée à 1.412 fr. 16, la dite rente payable par trimestre et à l'expiration de chacun d'eux.

« Dit que les arrérages de ladite rente commenceront à courir à partir de ce jour.

« Dit que le montant de la pension, provenant à SOULAT de son livret sur la Caisse Nationale des Retraites pour la Vieillesse, ne sera pas déduit de la rente annuelle et viagère susénoncée.

« Condamne la Compagnie d'Orléans en tous les dépens de première instance et d'appel. »

Cette jurisprudence a été confirmée par la Cour d'Appel de Montpellier le 14 février 1901 ; la même Cour, 2 mars 1901, et d'autres encore.

Nous conclurons donc l'exposé ci-dessus en demandant que le Congrès émette le vœu suivant :

« 1° Que les Employés des Hôpitaux, Hospices, Asiles Nationaux, départementaux, communaux ou privés, même lorsqu'ils ont un caractère de bienfaisance, soient assujettis à la loi de 1898 sur les accidents du travail ;

« 2° Qu'en cas d'accident entraînant une incapacité perma-

Le Comité fédéral devra faire un rapport étudié et le déposer aux Pouvoirs publics et en envoyer une copie aux Syndicats adhérents qui, de leur côté, devront faire pression sur les élus de leur région.

CHABERT, de Toulon ; DEUTSCHER, de Marseille.

Le rapport de Merma et la motion de Chabert et Deutscher sont mis aux voix et sont adoptés.

NEYROLES, *délégué de Carcassonne*, communique au Congrès une lettre du Camarade Bonhomme, annonçant que le Camarade Cabanier arrivera le lendemain rendre visite aux Camarades Congressistes.

La séance est levée.

Séance du 4 Septembre (matin)

La séance est ouverte à 8 h. 1/4, sous la présidence du Camarade VALLENTIN, *des Asiles Nationaux*, assisté de la Camarade OUSTRIC, *d'Aix*.

CONSEILS DE DISCIPLINE

MERMA dit que Paris a un Conseil de discipline qui ne ressemble pas à celui des Asiles de la Seine; il est composé de 6 membres de l'Administration contre 4 représentants du Personnel; il voudrait que les représentants du Personnel soient égaux en nombre aux représentants de l'Administration; de plus, il voudrait que le demandeur ait un défenseur d'office et qu'un Camarade soit désigné à cet effet. Il se félicite que, malgré la disproportion de la représentation du Personnel vis-à-vis de celle de l'Administration, le Conseil de discipline actuel ait pu donner de bons résultats et il cite des exemples.

VALLENTIN dit qu'aux Asiles Nationaux ils n'ont pas de Conseil de discipline; il donne lecture du règlement du 23 juillet 1890, qui a trait à cette question; il appuie la proposition du Camarade Merma pour l'établissement d'un Conseil de discipline à base prud'homale dans toutes les organisations.

RAYNAL. — Je me rapporte à ce sujet aux décisions prises l'an dernier au Congrès de Lyon, décisions qui me semblent être les meilleures et, quant à ce qui concerne mon Syndicat, nous en ferons une revendication locale, comme cela a été convenu.

Conord. — Dans nos Congrès corporatifs, la discussion des Conseils de discipline tient toujours une place très respectable. Il est tout à fait naturel que le personnel dit laïque s'insurge et ne veuille plus se soumettre à comparaître devant une comédie de Conseil de discipline, où l'accusateur se fait juge et sans appel.

C'est une vieille méthode tout à fait antidémocratique, elle représente admirablement l'image de l'autorité frappant invariablement sur les faibles.

Aux Asiles de la Seine, le Conseil de discipline, qui représente la manière forte, est un extraordinaire tribunal composé des directeurs des différents Services de la Préfecture. Le prévenu, qui est d'ailleurs sacrifié d'avance, n'est pas admis à comparaître directement devant le Conseil; il est appelé à donner ses explications à une sorte de juge d'instruction, en l'occurence un chef de bureau désigné à cette spécialité; le rapport, qui est rédigé à la suite des déclarations du prévenu, est signé par lui après l'avoir vérifié, et envoyé au Conseil de discipline qui sanctionne. Le Camarade incriminé peut se faire accompagner par un conseil, le règlement l'y autorise.

Ce Conseil de discipline ou Conseil des Directeurs doit avoir assez vécu dans nos Administrations.

Le personnel municipal et départemental demande que quelques-uns de ses délégués, et élus par lui, soient admis à la formation du Conseil de discipline, comme cela se pratique aux Conseils de prud'hommes pour nos Camarades de l'industrie privée.

Il est inadmissible que nous soyons en état d'infériorité manifeste, au point de vue justice, vis-à-vis des Syndicats non administratifs et que nos militants soient soumis à l'arbitraire parce qu'administratifs.

Le Conseil général de la Seine, dans la session de 1906, approuva un projet de règlement qui prévoyait un Conseil de discipline dont deux de nos Camarades seraient membres. C'est peu, c'est vrai, c'est un tout petit pas tout de même; mais il faudrait le faire appliquer.

Maintes fois nous avons rappelé, soit au Conseil général, soit à l'Administration, que le personnel veut avoir l'application du vote de l'Assemblée départementale; à notre entrevue avec la troisième Commission, le Président, M. Patenne, nous disait que le Préfet ne voulait rien savoir de ce côté-là.

De même qu'à une délégation de travailleurs municipaux qui fut reçue à l'Hôtel de Ville le 1er Mai, l'Administration répondait évasivement.

Dans le dernier rapport adressé au rapporteur général, l'Administration traite la question d'une drôle de façon: elle ne peut, dit-elle, créer un Conseil de discipline spécial aux Asiles, les autres Services départementaux n'en ayant pas.

Il y aurait cependant un moyen très facile de donner satisfaction à tout le Personnel; l'Administration n'aurait qu'à prendre en considération les votes des Conseils municipaux et généraux, au lieu de les traiter par-dessus la jambe.

Nous comprenons très bien que l'Administration tienne à son Conseil de discipline, tel qu'elle l'a constitué elle-même, comme à la prunelle de ses yeux. C'est pour elle le rempart qui a préservé jusqu'ici l'autorité en sabrant à tour de bras, condamnant par ordre et sans indépendance nos militants syndicalistes. Ses arrêts, aussi stupides que maladroits, rendus sans conscience, ni sans distinction du bon ou mauvais agent, ont eu le don de faire voir aux plus timorés de nos syndiqués qu'il n'y a aucune justice administrative.

Si ce Conseil, digne du moyen-âge, a fait tous ses efforts pour enrayer le flot émancipateur qui grossit tous les jours, si malgré ses victimes, il n'y a pas réussi, nous pouvons affirmer que le Conseil de discipline actuel est pour nous un bon instrument de propagande.

Nos Camarades des Hôpitaux de Paris sont, sous ce rapport, plus favorisés. Ils ont obtenu de haute lutte un Conseil de discipline où quatre membres sur dix sont élus par le Personnel. Ce n'est pas encore l'équivalent des Conseils de Prud'hommes, mais nos Camarades sont audacieux et unis, ils y arriveront bientôt.

Nos Camarades de province sont, sur cette question, tout aussi mal lotis que nous. Les Directeurs d'Asiles et Hôpitaux embauchent et révoquent le personnel à leur fantaisie, malgré que ce personnel soit tout aussi départemental que nous. Les Conseils généraux ou municipaux et les Préfets n'osent jamais faire la moindre observation sur cet état de choses.

Les Asiles Nationaux, quoique dépendant directement du Ministère de l'Intérieur, sont plus mal garantis que les autres, le Directeur et les Médecins sont les maîtres absolus.

Cet état de choses lamentable, accordé à un personnel qui doit soigner et réparer la machine humaine quand elle est détraquée, est indigne de notre démocratie. Cependant, si nous réclamons un Conseil de discipline plus à même de juger sans parti pris, nous n'ignorons pas que s'il n'y a pas derrière le Conseil de discipline un Syndicat énergique, ce Conseil ne sera qu'un leurre.

A Nice, nos Camarades ont eu raison d'une Administration récalcitrante et routinière; par l'action directe et les tribunaux, ces Camarades se sont défendus eux-mêmes par le Syndicat, sans Conseil de discipline.

Ce qui nous prouve très clairement qu'une organisation consciente et énergique des exploités peut non seulement faire améliorer le sort de ses adhérents, mais peut aussi les défendre devant l'Autorité supérieure.

De même que dans l'industrie, les Conseils de Prud'hommes ne rendent de réels services que là où il y a un Syndicat robuste, nos Conseils de discipline n'auront une force défensive que d'autant que le Syndicat sera énergique.

Je termine en demandant la participation de quelques Membres du personnel au Conseil de discipline.

PEILLOD se rallie aux propositions précédentes.

MICHELETTI demande qu'une décision énergique soit prise par le Congrès, afin de mettre un terme à l'arbitraire qui inspire les sanctions des Administrations vis-à-vis du personnel et il se rallie à la proposition Merma.

DEUTSCHER dit qu'en principe le Syndicat de Marseille a obtenu le Conseil de discipline, et il donne quelques détails.

GRIGLIONE déclare qu'à Pierrefeu il n'y a pas de Conseil de discipline, mais en revanche l'Administration y est conciliante, c'est le personnel qui juge et aplanit les difficultés.

CHABERT a mandat de son organisation de voter contre les Conseils de discipline, il donne des explications.

Les Camarades PEILLOD, MERMA et DUVAL déposent la motion suivante :

Le Congrès demande et engage toutes les organisations adhérentes à faire une propagande énergique pour l'obtention des Conseils de discipline, établis sur la base des Conseils de Prud'hommes, et que les Camarades traduits devant les dits Conseils puissent se faire assister par des défenseurs à leur choix.

MERMA, PEILLOD, DUVAL.

Cette motion est mise aux voix et elle est adoptée par le Congrès, moins les délégués de Toulon et Montpellier, qui votent contre.

COURS PROFESSIONNELS DANS LES BOURSES DU TRAVAIL

CHABERT donne lecture du rapport suivant, accompagné d'un programme des cours.

Rapport présenté par le Camarade Chabert, du Syndicat de Toulon, au Congrès de Toulouse, sur la 9e Question, Cours professionnels dans les Bourses du Travail.

Camarades,

Permettez-moi, au sujet de cette question d'une importance aussi capitale pour notre corporation, de vous soumettre à nouveau le Rapport que j'avais récemment l'honneur de présenter à votre appréciation, après le Congrès de Paris 1907.

Des faits nouveaux et heureux pour notre corporation sont

venus donner un regain d'actualité et de force de démonstration à la question des Cours, vous ne devez pas ignorer que le Sous-Secrétaire d'Etat à la Guerre va introduire une innovation qui consiste dans l'admission, dans les Hôpitaux militaires, d'Infirmières dans des conditions très avantageuses.

Nous devons, à mon avis, profiter de cette favorable initiative afin d'en retirer un mouvement de propagande, lequel, j'en suis persuadé, porterait des résultats bienfaisants.

Il est indiscutable que cet avenir ouvert à l'élément féminin de notre corporation doit être d'une indéniable utilité pour faire mieux connaître et apprécier nos organisations et y amener logiquement des adhérents ; séduits par la perspective d'un avenir de tout repos, ces recrues n'hésiteront pas à se lancer délibérément dans la carrière actuellement si ingrate et si peu attirante dans laquelle nous végétons.

Ce personnel, qui aura acquis des connaissances techniques très développées, s'imposera à la considération méritée des Pouvoirs publics, en même temps à la déférence des Administrations sous les ordres desquels il sera appelé à servir.

Une des raisons qui militent en faveur de la création des Cours dans les Bourses m'est fourni par un paragraphe du deuxième article du décret.

Les Infirmières militaires sont recrutées par voie de concours parmi les Infirmières diplômées de l'Assistance Publique ou des Ecoles d'Infirmières laïques, publiques ou privées, agréées par le Sous-Secrétaire d'Etat.

J'appelle tout particulièrement votre attention sur ce paragraphe et je persiste à penser qu'il sera d'une puissante efficacité pour attribuer à nos Cours professionnels une consécration officielle, de nature à nous y attirer un nombre très appréciable d'élèves.

Par l'adoption d'un programme appliqué d'une façon uniforme, dans toutes les Bourses, nous aboutirons plus vite à la nationalisation, car le Rapport que je vous présente est plus chargé en matière que le programme imposé aux candidates Infirmières militaires. Si vous vous rangez à ma manière de voir nous pourrions assister à la création des Cours professionnels, dont la reconnaissance par le Sous-Secrétaire d'Etat à la Guerre, nous permettrait obligatoirement d'arriver à la nationalisation du diplôme, puisque nos écoles seraient reconnues par l'Etat.

J'ose espérer, Camarades, que vous apprécierez toute l'importance des résultats qu'il est permis d'entrevoir par l'emploi de la propagande, issue du fait même de la création de ces Cours.

Rien ne doit être négligé, tout doit être tenté afin de relever le niveau moral et intellectuel de notre corporation.

En produisant la plus grande somme d'efforts convergents à cette indispensable création, à cette nécessaire institution, dans vos localités, vous aurez accompli l'acte méritoire entre tous aux yeux et pour le plus grand profit de la corporation des Services de Santé.

Le Délégué de Toulon,

Louis CHABERT.

BOURSE DU TRAVAIL DE TOULON

Union des Chambres Syndicales Ouvrières du Var

SYNDICAT DES EMPLOYÉS ET EMPLOYÉES DES HOSPICES CIVILS.

Cours professionnels d'Infirmiers et d'Infirmières

Ces Cours sont institués et fonctionnent depuis l'année scolaire 1901-1902. Les Docteurs-Professeurs ont été choisis de préférence dans les Docteurs attachés aux Hôpitaux, ce qui donne plus de valeur, non seulement aux Cours, mais aussi au certificat de capacité qui est délivré aux élèves, à la fin des Cours.

MM. les Docteurs-Professeurs de ces Cours n'ont jamais été rétribués, mais nous n'avons eu qu'à nous louer de l'exactitude et du zèle qu'ils ont apporté depuis la fondation de ces Cours.

NOMENCLATURE DES COURS ET NOMS DES PROFESSEURS

Le Docteur Daspres, Chirurgien en Chef des Hospices Civils : Cours d'Anatomie ; Cours de Physiologie : Delahaye, Médecin en Chef, H. C. ; Cours d'Hygiène : Martinenq, Pharmacien de 1re classe, Docteur en Médecine ; Cours de Pansement et Petite Chirurgie : Docteur Berthelot, Chirurgien aux H. C. ; Cours de Petite Pharmacie : Gonzalès, Pharmacien de 1re classe. Ces Cours ont lieu deux fois par semaine, le lundi et le vendredi, de 8 heures ½ à 10 heures du soir, du mois d'octobre au mois de mai.

Les élèves doivent se faire inscrire à la Bourse du Travail, et se conformer aux règlements qui régissent les Cours professionnels.

Les Cours se font en deux années, première et deuxième années.

Les élèves qui ont suivi assidûment ces deux années de Cours régulièrement sont admis à un concours, et il est délivré, à tous ceux qui en satisfont les épreuves, un certificat d'aptitude, signé par tous les Professeurs et authentifié par la Bourse du Travail.

Dans son ensemble, cette organisation est perfectible, mais elle a à rendre de grands services à nos Camarades en les instruisant et en leur donnant ce certificat, qui atteste leur capacité professionnelle.

Toulon, le 1er septembre 1907.

Louis CHABERT,
du Syndicat des Employés et Employées des Hospices,
Administrateur de la Bourse du Travail.

PROGRAMME DES COURS

COURS DE PANSEMENTS ET DE PETITE CHIRURGIE

1° Des Pansements. — Considérations générales, Matières et Objets de Pansements, Des Instruments, Des Médicaments topiques, Règles générales des Pansements : Antisepsie et Asepsie, Technique des Pansements, Moyens accessoires de Pansements ;

2° Des Bandages. — Règles générales d'Application, Bandages simples, Bandages composés, Bandages mécaniques ;

3° Soins généraux à donner aux malades, et plus particulièrement aux blessés ;

4° Des Appareils, et, plus particulièrement, des Appareils de fracture ;

5° Opération de Petite Chirurgie. Révulsion, Emissions sanguines, Injections, Irrigations, Réfrigération, Pulvérisation, Instillations, Bains et Immersions, Onction, Embrocations, Fomatations cataplasme, Fumigations, Inhalations, Lavages de l'Estomac, Anesthésie, Vaccination, Electrisation, Massage, Ponctions, Thoracentèse, Trachéotomie.

Remarque Générale. — L'enseignement de ce Cours sera surtout pratique : tout appareil, instrument ou objet de pansement dont il sera parlé dans les leçons sera mis en même temps sous les yeux des auditeurs ; chaque élève sera exercé individuellement aux différentes manipulations.

Le Professeur :
Docteur BERTHOLET,
Chirurgien aux Hospices Civils de Toulon.

COURS D'ANATOMIE

Objet et utilité de l'Anatomie.

Nécessité d'un enseignement pratique.

Vue d'ensemble sur l'organisation humaine.

Deux façons de l'étudier : Anatomie descriptive et Anatomie topographique.

Grandes divisions naturelles du corps humain, notion sur la structure : appareils, systèmes, tissus, cellules.

Tube digestif et ses annexes.

Appareil respiratoire.

Appareil circulatoire.

Squelette, Articulations, Muscles et Tendons.

Système nerveux.

Appareil uro-génital.

Le Docteur DASPRE,
Chirurgien en Chef des Hospices Civils.

COURS D'HYGIÈNE

Hygiène (Définition). — L'Air, La Pression atmosphérique, Influence de la pureté de l'air sur la Santé, Lumière, Chaleur, Chaleur naturelle ou cosmique, Pays froids, Electricité, Vents, Endémies, Epidémies, Habitation, Choix d'un Emplacement, Exposition, Orientation, Construction de la Maison, Air contenu dans les Habitations, Ventilation, Chauffage, Combustible, Eclairage, Vêtements, Différentes parties du Vêtement, Face, Cou, Tronc, Vêtements des Dames, Lits, Soins du Corps, Bains, Cosmétiques, Aliments, Viandes, Digestibilité des différentes Viandes, Mode de préparation des Aliments, Alimentations suivant les âges, Boissons, Eau, Filtres, Règles hygiéniques pour l'eau prise en boisson, Boissons fermentées Vin, Cidre, Bière, Spiritueux et Liqueurs, Boissons aromatiques.

Le Professeur MARTINENQ.
Pharmacien de 1re classe, Docteur en Médecine.

COURS DE PHYSIOLOGIE

1re Leçon. — Définition des Rapports avec l'Anatomie, Définition de la Vie, Différence entre les Animaux et les Végétaux, Fonctions, Combustions organiques, Combustion complète, Fonctions de nutrition, Digestion, Aliments, Préhension, Mastication, Dents, Déglutition (3 temps), Insalivation, Digestion stomacale, Digestion intestinale, Diarrhée.

2e Leçon. — De l'Absorption, Hymphe et Chyle, Circulation du Sang, Sang artériel, Sang veineux, Du Cœur, Artères, Circulation capillaire, Vue de la circulation au Microscope (expériences), Circulation veineuse, Action du Système nerveux et de la Respiration (expériences).

3e Leçon. — Respiration, Définition, But, Divisions, De l'Inspiration, De l'Expiration, Composition de l'Air, Artérialisation du Sang, Asphyxie, Mécanique et Chimique, Respiration par la Peau (expériences), Chaleur animale, Thermométrie dans les Hôpitaux, Fièvre, Des Climats.

4e Leçon. — Secrétion, Définition, Glandes, Secrétions continues et intermittentes, Influences du Système nerveux, Secrétion urinaire, Du Rein, uretère, vessie (retention et incontinence d'urine), Urine, Notions élémentaires sur ce qu'elle contient, Influence de la sueur et des boissons sur la quantité diurétique, Substances et Appareils que l'Infirmier doit préparer pour la recherche du sucre, de l'albumine et bile, Secrétions cutanées (sueur), Fonction de relation (nous avons les impressions du monde extérieur et nous réagissons), Organes des Sens, Vue, Idée générale de l'Œil, Idée des Lentilles (expériences), Cristallin, Cataracte, Iris, Myopie, Presbyte, Ophtolmoscopie, Illusions optiques (expériences multiples).

MICHELLETTI dit qu'à Nice il existe des Cours professionnels, et cela sur la proposition de deux journaux locaux; il ajoute qu'environ quarante syndiqués suivent ces Cours où sont inscrits pour les suivre. Il voudrait que le Congrès décide d'adresser au Ministre de l'Intérieur une requête tendant à généraliser dans toutes les villes les Cours professionnels.

PEILLOD est partisan des Cours professionnels, mais il voudrait qu'ils aient lieu dans les Hôpitaux et non dans les Bourses du Travail, cela, afin de laisser plus de facilité aux employés de ces établissements qui auraient l'intention de les suivre et qui reculent quelquefois devant la perte de temps ou le dérangement que peut occasionner l'éloignement de ces Cours s'ils sont faits dans les Bourses qui ne sont pas toujours à proximité des Hôpitaux.

CHABERT dit qu'il ne s'oppose pas à cette manière de voir et que lui-même en reconnaît les avantages, mais il fait aussi ressortir qu'en faisant les Cours professionnels dans les Bourses, on en ouvre l'accès aux personnes étrangères à la corporation qui ont l'intention de les suivre et que c'est le meilleur moyen de faire de la propagande en faisant comprendre l'utilité des connaissances techniques que comporte la profession d'Infirmier et en mettant à découvert le rôle que l'Infirmier joue dans la société.

GRIGLIONE déclare que cette question est tout à fait importante et surtout utile pour la corporation infirmière; mais telle qu'elle est présentée elle n'envisage que les Hôpitaux ou Asiles qui se trouvent dans une grande ville ou à proximité où il y a une Bourse du Travail. Or, la Fédération des Services de Santé, ayant dans son sein bon nombre de Syndicats qui ont leur siège dans des établissements hospitaliers situés dans les localités où il n'existe pas de Bourse du Travail, doit envisager non seulement les établissements des grandes villes, mais aussi ceux des petites localités et dans ce cas elle doit tâcher, en cherchant à établir des Cours professionnels dans les Bourses du Travail, de faire aussi des démarches auprès des Pouvoirs publics ou auprès des Directeurs d'établissements pour faire et établir ces Cours dans les établissements mêmes des localités où les Bourses du Travail n'existent pas, afin que les employés des petites localités puissent suivre ces Cours comme ceux des grandes villes.

De plus, dans les Bourses du Travail tout le monde peut suivre ces Cours dits professionnels et, de ce fait, obtenir le diplôme; or, muni de ce diplôme, ils se présentent dans un établissement hospitalier et obtiennent les premières places supplantant quelquefois des employés ayant plusieurs années de service, or, il y aurait lieu de demander que ces Cours ne soient donnés que pour les employés de la corporation infirmière.

DEUTSCHER demande que les Cours aient lieu dans les Bourses du Travail et non à l'Hôpital, et que ceux qui seront admis à suivre ces Cours soient parmi les syndiqués.

MERMA dit qu'à Paris, il existe deux sortes d'écoles; l'une, celle du Docteur Bourneville, est ouverte à tout le monde, elle donne des Cours pratiques et théoriques, elle a lieu après les heures de travail et délivre un certificat d'aptitude; l'autre est organisée par l'Administration et forme des Infirmières brevetées. Le personnel de Paris demande la suppression des écoles d'Infirmières, il allègue que le fait d'assister à des Cours qui ont lieu après la journée de travail, et dans des Hôpitaux parfois éloignés, constitue une charge pour les hommes et les femmes mariées et un supplément de travail pour tous ceux qui y assistent sans distinction. Et dans ces conditions, il arrive que beaucoup se découragent et qu'ainsi leur situation à venir se trouve parfois brisée; il conclue en se ralliant aux conclusions du Congrès International des Infirmiers à Londres, lequel a demandé la nationalisation du diplôme, avec un programme de Cours identique pour tous les Hôpitaux civils et militaires; il estime que pour faciliter à tous et à toutes l'accès de ces Cours, il est nécessaire d'accepter les postulants des deux sexes sans limite d'âge et qu'ils aient la faculté de se préparer, si bon leur semble, en dehors des Cours et de se présenter à l'examen sans qu'il leur soit fait une obligation de les suivre.

VALLENTIN est partisan des Cours professionnels dans les Bourses du Travail; toutefois, cela ne leur est pas possible par suite de l'éloignement de la Bourse dont ils relèvent; en conséquence, ils ont demandé qu'une école d'Infirmiers soit créée dans leurs établissements et ils ont la certitude de l'avoir cette année; il demande aussi que les Cours aient lieu pendant les heures de travail.

BICHON dit que les Cours professionnels existent à Bron depuis trois ans et qu'ils sont faits par les médecins; il explique que le fait de suivre ces Cours entraîne un supplément de salaires; il demande qu'ils aient lieu pendant les heures de travail et réclame la nationalisation du diplôme.

VIGUIER déclare qu'à Montpellier les Cours existent depuis huit ans, ils ont lieu pendant les heures de travail, il estime qu'il n'est pas possible pour son organisation de les faire à la Bourse du Travail.

GRIGLIONE fait remarquer que dans les Asiles le personnel est trop restreint pour qu'il soit possible de suivre les Cours professionnels pendant les heures de travail, ce qui entraînerait pendant quelques heures la désorganisation des services et pourrait créer quelque danger aux hommes de garde.

CONORD dit que les Cours se font dans les Asiles de la Seine selon le temps dont dispose le Professeur, pendant ou après le travail.

RAYNAL. — Ces deux questions semblent se rapporter à la laïcisation et dépendent des mesures qui seront prises dans ce sens. On conçoit mal, en effet, la création d'une éducation professionnelle qui donnerait droit à des diplômes, si ceux-ci ne sont, par la suite, d'aucune utilité.

Plusieurs motions sont déposées à ce sujet.

Motion GRIGLIONE-CHABERT :

Les Congressistes donnent mandat au Comité fédéral de faire établir des Cours professionnels dans les Bourses du Travail, mais aussi dans les Etablissements des localités où les Bourses n'existent pas.

CHABERT, Toulon ; GRIGLIONE, Pierrefeu.

Motion MICHELETTI :

Le Congrès décide que le Comité fédéral fasse le nécessaire auprès du Ministre de l'Intérieur pour que des Cours professionnels aient lieu dans tous les Services hospitaliers et pendant les heures de travail.

MICHELETTI, Nice.

Motion VIGUIER :

Les Congressistes donnent mandat au Comité fédéral de faire le nécessaire auprès des Pouvoirs publics pour que des Cours d'Infirmiers soient faits dans tous les Etablissements hospitaliers et de mettre en demeure les Administrations pour que tous les Infirmiers les suivent.

VIGUIER, Montpellier.

Motion DUVAL-MERMA :

Le Congrès donne mandat au Bureau fédéral de faire les démarches nécessaires auprès du Directeur de l'Assistance Publique et de l'Hygiène au Ministère de l'Intérieur, pour faire établir un programme uniforme de Cours applicable obligatoirement à toutes les Administrations, ce qui amènera de ce fait la nationalisation du diplôme.

MERMA, Non Gradés de Paris ; DUVAL, Asile de Saint-Lizier.

Une addition de RAYNAL est déposée en fin de compte.

VALLENTIN demande que la question Raynal vienne après et soit renvoyée aux questions diverses.

On passe au vote des motions ayant trait à la question des Cours.

La motion Duval-Merma est adoptée par le Congrès.

RAYNAL. — Je demande à ce que l'on procède dès maintenant à la formation du bureau pour la réunion publique de ce soir à la Bourse du Travail.

VALLENTIN. — J'appuie cette proposition.

CHABERT et PEILLOD. — Nous proposons, comme président, le Camarade Vallentin, comme Assesseurs, Mme Oustric et le Camarade Raynal ; comme Secrétaire de séance notre Camarade Dufourneau, qui est le Secrétaire du Congrès.

Cette proposition est adoptée à l'unanimité.

RAYNAL. — Je proposerai que la visite que nous devons faire cette après-midi aux Hôpitaux ait lieu à 2 heures ½.

Cette proposition est adoptée.

La séance est levée à midi.

Séance du 4 Septembre (après-midi)

La séance est ouverte à 2 heures, sous la présidence du Camarade DUVAL, *de Saint-Lizier*, assisté du Camarade VIGUIER, *de Montpellier*.

On passe à la question PARTICIPATION DES DÉLÉGUÉS INFIRMIERS DANS LES COMMISSIONS D'ADMINISTRATION DES HOPITAUX, HOSPICES ET ASILES.

CHABERT, *de Toulon*, donne lecture du rapport suivant:

Rapport présenté au Congrès de Toulouse par le Camarade Chabert, du Syndicat de Toulon, sur la 10° Question (Participation de délégués Infirmiers dans les Commissions d'Administration des Hôpitaux, Hospices et Asiles).

Camarades,

L'importante question qui est soumise à votre examen, au moment de l'ouverture du Congrès, sollicite toute notre attention, toutes nos réflexions, tous nos efforts et toutes nos initiatives, parce qu'elle renferme dans son essence une étroite connexité entre les intérêts et les revendications du Personnel hospitalier et des hospitalisés.

Notre Congrès a le devoir de rechercher à la fois la solution la plus pratique qu'il conviendra de lui attribuer, en même temps que discuter l'emploi des moyens qui paraîtront les plus rapides et les plus certains d'apporter une sanction à nos décisions.

Cette question comporte, sans contredit, des solutions différentes sans doute entre elles, mais toutes convergentes au même but. Les unes sont déjà sorties du domaine de l'inexpérimentation, puisqu'on les a appliquées précédemment ; les autres, plus sujettes à la controverse bien qu'acceptées en principe, ne sont point encore mises en pratique, autant en raison des résistances qu'elles rencontrent de la part des Pouvoirs publics, que de la réserve malveillante des Administrations hospitalières.

Nous devons constater également qu'à ces causes primordiales de l'insuccès de nos revendications, viennent s'adjoindre encore le déplorable marasme et la coupable inertie de Camarades indifférents à tout ce qui touche à leurs droits et à leurs besoins.

Malgré tout, il appartient aux militants mandatés par leurs organisations qui se trouvent réunis dans cette enceinte de ne point se séparer avant d'avoir pris de définitives déterminations.

Leur sagesse, secondée par la ténacité des organisations, leur permettra de les faire prévaloir auprès d'elles d'abord, de les imposer ensuite aux faiblesses récalcitrantes des Administrations hospitalières.

Et d'abord, dans la société actuelle, aussitôt que nous touchons aux problèmes économiques qui sont les seuls que nous puissions traiter dans nos organisations, nous nous heurtons aux Pouvoirs municipaux ou départementaux et à l'Etat, dont nous sommes les salariés, **je ne dis pas les employés.**

Force nous est donc de nous adresser à ces représentants qui sont nos patrons. Plusieurs Bourses ou Unions de Syndicats ont fait ce que ne pouvaient faire des Syndicats d'Infirmiers isolés et ont obligé les municipalités, qui, par nécessité électorale, s'y sont prêtés de bonne grâce, à nommer un délégué des organisations confédérées en qualité d'Administrateur des Hospices comme étant l'émanation directe des organisations, à rétribuer, comme elles l'entendraient, la perte de temps subie par les Camarades délégués, il y eut dans ce procédé un prélude d'immixtion des organisations ouvrières dans les Administrations hospitalières qui n'était pas du goût de la classe dirigeante, aussi, fit-elle l'impossible pour détruire cet état de choses, et, ce qui est pénible à constater, elle y a réussi.

J'estime que, sur ce point, un moyen s'offre à nous, susceptible d'apporter une solution à la question qui nous préoccupe, c'est-à-dire qu'il semble logique, qu'il nous paraît naturel que les Bourses ou Unions de Syndicats imposent aux Administrations municipales, qu'elles contribuent à élire, de déléguer des Camarades appartenant au Personnel Infirmier, qui, mieux que tout autre, aptes à connaître les manigances d'une Administration dictatoriale et oppressive, et à défendre avec une indiscutable compétence les intérêts et les droits du Personnel Infirmier, sans préjudice des justes réclamations des hospitalisés.

D'autre part, certaines municipalités, plutôt rares, ont poursuivi la solution qui consiste à soumettre à la ratification préfectorale, la nomination d'un Camarade désigné par la Bourse ou Unions de Syndicats locaux. Cette conception, il serait puéril de la contester, est assurément excellente, à condition qu'il n'existe aucun désaccord parmi les organisations ouvrières.

En somme, il y a là une indication. Le Pouvoir central nous a depuis longtemps déshabitué d'envisager même la possibilité de semblable usage, et nous n'obtiendrons jamais quelques améliorations que si nous possédons la fermeté de conquérir nos prérogatives de haute lutte. Il n'y a pas lieu de s'appesantir davantage sur cette solution.

L'unique solution, à mon sens, réside en ceci : afin d'offrir à la Fédération des Services de Santé toutes les conditions de durée, de sécurité et de projet qu'elle comporte, il est nécessaire avant tout de conquérir l'obtention de la part des Pouvoirs publics d'un décret qui oblige les Préfets à nommer en qualité d'Administrateur des Asiles et Hospices, un représentant des organisations ouvrières, si cette solution est la plus équitable, elle est aussi, il ne faut pas nous le dissimuler, la plus difficile à obtenir.

Dès lors, si le Congrès se range à notre manière de voir à propos de cette question, il conviendrait de donner mandat ferme au Comité fédéral de créer une agitation et non pression sur les Pouvoirs publics, afin d'obtenir ce décret ou loi ; toutefois, les organisations ne doivent pas perdre de vue qu'il est essentiel de provoquer dans le sein des Bourses ou Unions, auxquelles elles doivent être statutairement affiliées, une propagande et une agitation ayant pour objectif la nomination d'un délégué municipal ou préfectoral ; si cette attribution nous était concédée, elle contraindrait les Pouvoirs publics de prendre des mesures pour généraliser cette action due à l'initiative de quelques organisations et de la Fédération.

Il faut toujours se souvenir que nous ne revendiquons pas seulement cette réforme urgente, afin d'être en état de défendre nos intérêts lésés par les agissements autocratiques d'Administrateurs imbus d'esprit bourgeois, et mettant à profit leur situation sociale pour oppresser et tyranniser les malheureux qui subissent leurs ordres, mais, de même manière pour donner protection à nos Camarades hospitalisées, pour nous solidariser avec eux. Ils sont souvent comme nous, eux aussi, victimes du bon plaisir et de la rapacité d'Administrateurs nantis, mais dépourvus de générosité.

Camarades, en luttant pour l'obtention de cette revendication, nous ferons l'acte de virilité nécessaire et le geste de travailleurs conscients.

Le Délégué du Syndicat de Toulon,

Louis CHABERT.

NOTA. — Le Conseil Municipal de Toulon a pris, dans sa séance du 27 août, la décision de nommer, à la prochaine place vacante d'Administrateur, un délégué des organisations ouvrières.

PHILLOD, de *Lyon*, donne lecture du rapport suivant et déclare, par avance, se rallier au rapport Chabert, de Toulon :

Camarades,

Depuis longtemps, à Lyon, nous avons été frappés de cet état de méconnaissance dans lequel nos Administrations nous tiennent.

Pour la plupart, les Conseillers d'Administrations des Hospices et Asiles sont des Conseillers honorifiques, siégeant une fois par semaine, quelquefois moins, et ne connaissant de la vie des malades et du personnel, que ce que leur disent les Rapports intéressés de fonctionnaires très souvent irresponsables.

Oh ! nous savons bien que, pour la forme, à côté du Conseil d'Administration fonctionne une Commission médicale, dont les avis, quatre-vingt-dix-neuf fois sur cent, sont méconnus, mais qui, cependant, peut faire entendre les doléances du Corps médical.

Dans tout cela, le Personnel Infirmier, qui, cependant, est le premier intéressé au bon fonctionnement des services, est considéré comme quantité négligeable.

L'on organise les services, l'on installe ce que l'on pourrait appeler son atelier sans jamais lui demander son avis. Et puis, quand tout est organisé, tout installé, sur les observations de celui que l'on n'a pas cru devoir consulter, l'on s'aperçoit que rien ne va plus.

Les règlements élaborés sont parfois en complet désaccord

avec le fonctionnement des services, l'organisation et l'installation des services sont mal faites, il faut tout recommencer et s'en rapporter pour cela très souvent au savoir pratique de cet Infirmier, hier méconnu.

Et alors, pendant tout cela, que deviennent les malades? Oh! ceux-là, il semblerait presque qu'ils sont le dernier des soucis des Administrateurs, ayant plus souvent le souci des affaires politiques ou financières.

Si les services sont mal organisés et ne fonctionnent pas, ce sont les malades qui en pâtissent. Mais qu'importe, un fonctionnaire prétentieux aura fait adopter un rapport par son Conseil d'Administration et le budget de son Hospice aura fait **quelquefois!** une économie de quelques centaines de francs qui lui seront remis en fin d'année comme gratification.

Pendant tout ce temps, l'Infirmier doit quand même assurer le service, au risque de passer pour un incapable ou une mauvaise tête et doit bien souvent, par son initiative, parer à l'incapacité ou à l'incurie de son Administrateur.

Voilà donc pourquoi, Camarades, nous jugeons qu'il est non seulement utile, mais indispensable que nous ayons des représentants au sein des Conseils d'Administration des Hospices et Asiles.

D'une part, les Administrateurs apportent leur connaissances financières, le Corps médical ses connaissances techniques, et d'autre part les Infirmiers leurs connaissances pratiques, il est indiscutable que le bon fonctionnement des services ne pourra qu'en bénéficier.

Et alors nous ne verrons plus de ces acoups se produire dans les Services, et les malades trouveront les soins qu'ils sont en droit de trouver dans les Hospices et Asiles.

Et nous, nous serons assurés d'avoir des défenseurs qui sauront mettre en relief nos services et feront respecter les droits que nous avons conquis par notre travail et notre dévouement, et nous nous rallions à la motion de Toulon.

Pour le Syndicat des Hospices de Lyon et par mandat :

Le Secrétaire général,

PEILLOD.

MERMA dit qu'à Paris le Directeur de l'Assistance Publique ne peut en principe prendre aucune décision sans avoir, au préalable, l'approbation du Conseil de surveillance qui est identique aux Administrations de province. Cela n'a pas empêché le Directeur, lorsqu'il demanda *18.000 francs* de traitement, de se les attribuer malgré l'avis du Conseil de surveillance. Ceci dit, pour faire comprendre au Congrès combien cette autorité est fictive. Toutefois, le Syndicat parisien a pu obtenir qu'un délégué le représente dans le sein de la Commission mixte chargée d'étudier le nouveau règlement et où les gradés, non gradés (*et sans en exempter les jaunes*), sont représentés.

Merma demande, en terminant, que les délégués ouvriers fassent partie du Conseil de surveillance.

VALLENTIN déclare qu'il appuiera les deux rapports de

Chabert et de Peillod, parce qu'il est inadmissible que les employés des Hôpitaux et Asiles soient administrés par des supérieurs ou des Commissions quelconques sans l'avis des intéressés, en conséquence il demande que les délégués ouvriers soient admis dans les Conseils d'Administration.

CONORD, *des Asiles de la Seine*, donne lecture d'un long rapport sur la question et, comme il déclare se ranger à l'avis des camarades Peillod et Chabert, les Congressistes décident de ne pas le publier, faisant double emploi.

DEUTSCHER rejette le projet tendant à faire entrer des délégués ouvriers dans les Commissions Administratives.

CHABERT insiste pour que les Administrateurs ouvriers soient désignés par les Chambres syndicales, il fait ressortir la propagande qui en serait la conséquence pour le Syndicat.

RAYNAL. — Il semble, à première vue, que la Commission d'élaboration de l'ordre du jour du Congrès se soit méprise sur la hardiesse et les intentions que cette question renferme; il paraît impossible et paradoxal de faire d'un Infirmier un Administrateur qui, par le fait, s'administrerait luimême. Par contre, il est possible, comme cela se produit à Narbonne, de faire entrer dans un Conseil d'Administration des délégués ouvriers auprès de qui le personnel aurait libre accès pour la présentation d'une requête ou d'une revendication. En conséquence, il appartient au Congrès, en présence du fait accompli à Narbonne, qui donne des résultats excellents, d'émettre le vœu que cette mesure soit étendue à tous les Hôpitaux, Hospices et Asiles de France.

Les rapports de Toulon et de Lyon sont adoptés à l'unanimité.

On passe à la question CONGRÈS DE DEUX EN DEUX ANNÉES.

CHABERT déclare qu'il a mandat ferme de son organisation de voter que les Congrès aient lieu de deux en deux années et qu'il votera pour.

GRIGLIONE dit qu'il est favorable à la proposition qui tend que les Congrès aient lieu de deux en deux années, mais à partir de 1910; et donne lecture d'un rapport circonstancié à ce sujet qui appuie cette restriction, ainsi conçu:

Cette question a un but tout à fait capital au point de vue économique, mais non à celui de la propagande syndicale; toutefois, elle peut être acceptée pour faciliter les Syndicats peu nombreux à amasser les sommes nécessaires pour l'envoi des délégués au Congrès de la Fédération.

Il y a lieu cependant de faire remarquer que la Fédération étant adhérente à la C. G. T., il est utile et même nécessaire que son Secrétaire assiste aux Congrès de la C. G. T., ainsi que les délégués des Syndicats qui voudraient y assister; dans ce dernier cas, il y aurait donc lieu encore de fixer le

Congrès de la Fédération à l'année prochaine et à une date ultérieure à celle où la C. G. T. tiendra son Congrès en 1910 ici à Toulouse, de cette sorte l'année prochaine nous pourrons fixer nos Congrès de deux ans en deux ans et toujours à une date et dans la ville même ou à proximité de celle où a lieu le Congrès de la C. G. T., de façon que le Secrétaire de la Fédération et les délégués qui voudraient assister au dit Congrès éviteraient un double déplacement, puisqu'à la suite du Congrès de la C. G. T. aurait lieu celui de la Fédération, ce qui serait pratique et surtout très économique.

Ainsi donc, à partir de 1910, nos Congrès auraient lieu de deux ans en deux ans et ils seraient toujours avec ceux de la C. G. T., qui les donne de la même manière.

VALLENTIN soutient la proposition des Congrès de deux en deux années, en faisant ressortir que les dépenses qu'ils nécessiteront seront moindres, puisque plus espacés, et que cette situation permettra au Comité fédéral de faire face à des obligations qu'il n'a pu envisager faute de ressources jusqu'à ce jour : il cite comme exemple : la propagande, l'envoi en province de délégués du Comité fédéral, etc. ; il ajoute que ce délai de deux ans permettra aux jeunes organisations de se développer et de disposer de fonds suffisants pour participer aux prochains Congrès. Il demande toutefois que ces Congrès soient fixés à des dates autres que celles des Congrès de la Confédération Générale du Travail.

CAZES demande que les Congrès aient lieu tous les deux ans.

RAYNAL. — J'estime que l'opiniâtreté avec laquelle cette question est remise sur le tapis peut être préjudiciable aux intérêts de la corporation par suite de la longueur de temps qui espacerait les Congrès et les empêcherait de servir de trait d'union, de faire œuvre d'assimilation entre les différentes organisations déjà très éloignées les unes des autres et dont un isolement prolongé pourrait refroidir le zèle. De plus, il est de concevoir que la propagande faite dans les journaux autour d'un Congrès qui se réunit annuellement ne peut que servir les intérêts de la Fédération en mettant en relief ses moyens d'actions et en engageant les Syndicats isolés ou les personnels non groupés des autres villes à se rallier à une organisation que beaucoup ignorent parce que personne jusqu'à ce jour ne les a informés de son existence.

Je demande donc, pour terminer, que les Congrès aient lieu pour le moment d'année en année.

MERMA est partisan du Congrès de deux en deux années ; étant donné que le Comité fédéral ne se réunit qu'une fois par mois, il faudrait, pour faire un travail suivi et sérieux, qu'il prépare dès maintenant le prochain Congrès. A cela il faut ajouter que les Pouvoirs publics ne se prêtent pas facilement aux démarches du Comité et qu'en revanche il faut tenir compte de l'ampleur des questions à poser aux Pouvoirs publics et cela à la suite des motions déposées par les Congressistes; il faut donc que les délégués se rendent compte du travail dont le Comité fédéral va être obligé d'assumer la responsabilité et que le renvoi à deux ans des prochains Congrès faciliterait beaucoup.

DUVAL déclare que pour les mêmes motifs et aussi pour questions financières, il demande que le Congrès ait lieu de deux en deux années.

PEILLOD. — Je suis en principe avec ceux qui demandent qu'il ait lieu tous les deux ans, mais cela seulement quand la Fédération sera assise plus solidement.

MICHELETTI demande que le Congrès ait lieu dans dix-huit mois et explique sa demande en disant que si Nice est choisi par le Congrès, il ne faut pas y aller à un autre moment qu'en février.

PEILLOD. — Micheletti proposant une date entre celles proposées par les partisans du Congrès tous les ans et ceux partisans qu'il ait lieu de deux en deux années, je me rallie donc à la proposition Micheletti, en tenant compte des considérants qu'il a invoqués.

DEUTSCHER dit qu'il a un mandat ferme de son organisation pour soutenir le Congrès annuel.

BICHON fait la même déclaration et ajoute qu'à la rigueur il se ralliera à la proposition de Micheletti, qui, il espère, donnera satisfaction à tous les Congressistes.

MERMA insiste pour que le Congrès se réunisse tous les deux ans; il déclare ne vouloir aucun mandat et aucune fonction dans le Comité si le Congrès ne se rallie pas à sa proposition parce qu'il sera dans l'impossibilité de les remplir à sa satisfaction et d'obtenir des résultats appréciables.

MICHELETTI déclare qu'en demandant que le Congrès ait lieu dans dix huit mois, il a l'intention de procurer aux Congressistes certaines satisfactions et veut leur faire voir autre chose qu'une ville en construction. En principe, je suis pour que le Congrès ait lieu de deux en deux années, mais je répète que si la proposition de Nice est adoptée, que le prochain Congrès aura lieu à Nice et pour les raisons que j'ai données, je maintiens qu'il ait lieu dans dix-huit mois.

MERMA remarque que Micheletti propose ce délai dans un but tout autre que celui qu'il devrait invoquer; il fait ressortir que si la nécessité se présentait d'avoir recours en cas de conflit d'un Syndicat avec une Administration à un délégué de la Fédération, celle-ci aurait le regret de décliner cette offre parce qu'elle manquerait de fonds. La propagande se fera mieux, à son avis, en envoyant en province des délégués qu'en multipliant les Congrès. Et fait observer qu'une période nouvelle s'ouvre pour la Fédération, qu'elle entre dans une phase d'activité où elle a besoin de toutes ses ressources et, en ce qui le concerne, il informe les délégués qu'il ne peut prendre la responsabilité d'une décision qui pourrait être funeste à la Fédération.

CHABERT propose de scinder la question en deux et de voter sur la fixation de la date d'abord et sur le choix de ville ensuite.

PEILLOD demande la clôture sur la question et demande qu'elle soit mise aux voix.

La clôture est adoptée.

Le vote a lieu sur la première partie de la question, c'est-à-dire sur la fixation de la date du prochain Congrès.

La proposition que le Congrès ait lieu de deux en deux années est adoptée.

MICHELETTI. — A la suite du vote qui vient d'avoir lieu et maintenant ma déclaration première, je demande aux délégués de choisir une autre ville que Nice.

CHABERT fait observer qu'à Nice on ne peut faire qu'une propagande limitée par suite de la situation géographique de cette ville et demande au Congrès de tenir compte de ce fait qu'elle ne peut être un centre d'action efficace.

PEILLOD fait observer que Carcassonne ne peut être, pour l'instant, un centre d'action parce que trop rapproché de Toulouse.

DEUTSCHER est d'avis que du moment que Nice offre d'organiser le Congrès, il n'y a pas lieu de discuter plus longtemps.

CONORD. — Nous remercions nos camarades de Nice de vouloir assurer la charge d'organiser le prochain Congrès, cependant nous ferons remarquer que nous aurions préféré tout autre centre ouvrier, car la situation géographique exceptionnellement fait que cette ville est éloignée de partout.

MICHELETTI déclare qu'il maintient l'ordre du jour qui comporte l'organisation à Nice du prochain Congrès.

CHABERT demande que pour l'organisation des prochains Congrès il soit tenu compte des déclarations du Camarade Conord, des Asiles de la Seine.

RAYNAL s'élève contre l'opinion de quelques délégués qui prétendent que Carcassonne n'est pas un centre; il prétend le contraire et fait remarquer la distance qui sépare cette ville de Toulouse, les nombreux établissements qui l'entourent et qui ont besoin de recevoir la propagande fédérale.

PEILLOD combat cette manière de voir.

Le choix de ville où aura lieu le prochain Congrès (proposition de Nice, à Nice), est adoptée.

VISITE DES HOPITAUX (samedi après-midi)

Les Camarades Congressistes, accompagnés par les Camarades de la Commission d'organisation du Congrès, se sont rendus dans les divers Etablissements hospitaliers, afin d'y puiser quelques enseignements sur le fonctionnement, à l'Hôpital de la Grave, à l'Hôtel-Dieu, où M. Dedieu, Contrôleur, reçut les Congressistes.

Ils admirèrent l'installation confortable des établissements, l'espace assez grand qu'il y a entre chaque lit, et la façon dont le Personnel est logé, les Délégués de Paris font la remarque qu'il n'en est pas de même à l'Assistance Publique de Paris.

Compte Rendu de la Réunion Publique

du Samedi 4 Septembre 1909

La séance est ouverte à 8 h. ½ précises, par le Camarade RAYNAL, du Syndicat de Toulouse.

Il donne lecture de la composition du Bureau de la réunion, tel qu'il a été constitué à la séance du matin par le Congrès :

Président : VALLENTIN, *des Asiles Nationaux.*
Assesseurs : Mme OUSTRIC, *d'Aix*, et RAYNAL, *de Toulouse.*
Secrétaire : DUFOURNEAU, *de Toulouse.*

Après la mise aux voix et l'adoption du Bureau, le Camarade Vallentin prend place à la présidence. Dans une brève, mais éloquente allocution, il remercie l'Assemblée de son vote et le Syndicat des Infirmiers de l'accueil fraternel que les Congressistes ont reçu à Toulouse. Il donne ensuite la parole au Camarade PEILLOD, de Lyon.

Celui-ci aborde la question du recrutement du personnel laïque qu'il représente comme étant celle qui touche le plus les intérêts des malades et des employés. Il retrace à grands traits l'attitude équivoque des Administrations qui recrutent au hasard leurs infirmiers et démontre la facilité avec laquelle les religieuses ainsi favorisées peuvent assujettir à leurs idées les caractères faibles ou ignorants et conserver de ce fait la suprématie matérielle et morale qui constitue un abus d'autorité et une tyrannie auxquels sont continuellement exposés les Camarades dont les idées ne sont pas en concordance avec les leurs.

Dans beaucoup d'hôpitaux, le personnel religieux est inférieur, au point de vue pratique et théorique, au personnel laïque; beaucoup de religieuses sont recrutées, en effet, dans des pays montagneux, comme l'Auvergne, les Cévennes, etc.; on les prend de préférence dans les familles nombreuses, pour qui elles sont souvent une charge; attirées par l'attrait d'une vie de contemplation, toute faite de douceurs et exempte de souci, caressées par l'espoir d'y goûter un farniente continuel, elles abandonnent leur foyer et leurs montagnes pour entrer au couvent. Il existe pour les recruter une organisation sérieuse et étendue, qui a des ramifications dans tous les villages et à laquelle beaucoup de curés apportent un concours effectif, en usant de leur influence pastorale auprès des jeunes filles à qui les sœurs ou béates chargées de les recruter font ensuite ressortir l'agrément d'une vie exempte de préoccupations sérieuses et la différence de l'existence de la sœur oisive et nonchalante avec celle qu'elles mènent dans la montagne où le travail est dur, fatigant, où la vie est plutôt pénible et désavantageuse. C'est ainsi que les hôpitaux regorgent d'infirmières en cornettes qui, pour la plupart, n'en ont que le titre et qui cependant ont, par cela même qu'elles sont religieuses, une autorité absolue sur le personnel véritablement actif et soignant des hôpitaux.

Il met en relief l'état d'esprit de ces religieuses qui, si elles voient le personnel des hôpitaux revendiquer hautement leurs droits ou mener une campagne contre leurs adversaires, prétendent que nous faisons de la politique, quand au contraire nous ne faisons que préparer et défendre notre avenir corporatif.

Il nous montre l'indifférence dissimulée des religieuses à l'égard des malades, à qui leur esprit confessionnel les empêche de donner des soins dévoués et efficaces, car elles sont intimement convaincues que si Dieu ne veut pas la guérison du malade tous les soins qu'elles pourront lui donner seront inutiles.

Il conclut au dénouement inévitable de cet état de choses qui ne peut être que la laïcisation; s'appuyant en cela sur des chiffres fournis par le docteur Augagneur, maire de Lyon, il prouve que l'on peut laïciser avec le budget actuel et même avec un budget plus restreint.

En terminant, le Camarade Peillod fait appel à la conscience de tous les Camarades pour qu'ils fassent, chacun dans son milieu, une propagande intensive en faveur de la laïcisation des Hôpitaux et Asiles.

La parole est au Camarade Duval. Le camarade s'appesantit sur le rôle des Gradés dans les Syndicats; il fait voir ce rôle sous un jour favorable, en citant l'exemple des Asiles de Bron et de Montpellier, où les gradés font cause commune avec les non gradés et où leur concours a toujours été très efficace; s'adressant aux Camarades Toulousains, qui les ont refusés, il leur démontre tout l'intérêt qu'ils ont à admettre dans leur Syndicat les Gradés qui seraient pour lui une force nouvelle, et il ajoute que le succès des revendications dépendant beaucoup de l'affiliation des gradés aux organisations, il y a donc lieu de ne pas les laisser de côté.

Envisageant la situation actuelle de l'infirmier, il parle de la possibilité de cet externement pour qui ils luttent à Paris depuis longtemps et qu'ils espèrent obtenir bientôt. Il déclare que, de même que leurs frères de travail, les Infirmiers et les Infirmières ne veulent plus manger et être logés dans les Hôpitaux, ils réclament la liberté dont jouissent les autres corps de métier après leur journée de travail, ils demandent de profiter d'un repos bien gagné. qui ne peut être complet à l'Hôpital. Ils demandent aussi, ajoute Duval, l'intégralité des salaires, qui leur permettra de fonder une famille avec moins d'appréhension et de faire face aux nécessités toujours croissantes de la vie.

La Fédération ne peut faire comme diverses Fédérations, telle que le Bâtiment, qui, par une propagande intense, par l'envoi en province de délégués qui ne cessent de militer en faveur de la cause corporative, arrivent à grouper une masse énorme et solide de travailleurs; mais si ses moyens d'action sont restreints, il n'est que plus urgent que chaque syndiqué fasse son devoir, il faut amener au Syndicat le plus grand nombre possible de Camarades; ce n'est en effet que par le nombre toujours grossissant de leurs adhérents que les organisations ont pu jusqu'à ce jour obtenir gain de cause dans la plupart de leurs revendications.

Parlant des différents régimes auxquels sont assujettis Hôpitaux et Asiles, il déclare que la nationalisation est un leurre, et que seules, la municipalisation pour les Hôpitaux et la départementalisation pour les Asiles, peuvent donner des résultats appréciables, car il est plus facile de faire pression sur un Conseil municipal ou sur un Conseil général que sur l'Etat.

En terminant, il demande aux Camarades de bien se pénétrer de leur devoir et de la nécessité qu'il y a pour la corporation à ce qu'ils fassent une propagande extraordinaire pour sa prospérité et son développement et aussi pour l'amélioration du sort de chacun de nous.

Le Camarade CHABERT a la parole. Le Camarade parle du rôle de l'Infirmier dans la société; il le montre dépensant ses forces et son énergie au service de la cause la plus humanitaire; il le montre aussi, arrachant à la mort des milliers de vies à force de dévouement et d'abnégation; il le montre grandi par le danger qui le guette à chaque pas, ennobli par l'accomplissement du devoir et par le sacrifice.

Il demande aux Camarades de comprendre aussi bien leurs devoirs sociaux, de faire de l'action syndicaliste par une propagande intensive en même temps qu'humanitaire.

Le Camarade MARTY-ROLLAND, Secrétaire de l'Union des Syndicats, prend la parole. Il définit le rôle du Congrès dans les corporations et de l'attitude qu'il doit prendre dans les conflits qui surgissent entre patrons et employés. Il dit qu'à Toulouse les organisations ont suivi avec beaucoup d'intérêt les phases intéressantes du Congrès des Infirmiers.

Lui-même a constaté avec plaisir que des questions très importantes y ont été discutées sérieusement et il félicite les Congressistes d'avoir fait une aussi bonne besogne. Il engage les militants à travailler au relèvement du niveau moral des Infirmiers; il faut qu'à force de ténacité ils fassent reconnaître leurs droits et prendre en considération leurs revendications; il faut que les Infirmiers deviennent autre chose que des hommes de peine et, pour aider à cette transformation, la laïcisation s'impose. Il a vu avec plaisir le Congrès voter l'institution de cours professionnels et la création d'écoles d'Infirmiers, ces deux réformes aideront beaucoup à la transformation morale et matérielle de l'Infirmier dans la société. Il termine par une éloquente exaltation de la dignité humaine et assure aux Infirmiers qu'ils trouveront toujours à Toulouse l'appui du prolétariat.

MERMA a la parole.

Le Camarade Merma déclare tout d'abord que les Camarades de Toulouse doivent accepter parmi eux les Gradés. Il déclare que si, à Paris, cela n'a pu se faire, cela est simplement dû à ce que les Gradés sont trop nombreux, et que, d'autre part, des différends antérieurs s'y opposaient, mais que les Camarades Gradés sont syndiqués et fédérés.

Il dit qu'avec leur concours les Non Gradés de Paris peuvent obtenir des améliorations importantes. Il démontre l'intérêt qu'il y a pour les Syndicats de s'en faire des collaborateurs et de ne pas faire le jeu de l'Administration qui divise pour mieux régner et jette les uns contre les autres ses employés. Il déclare avoir été très heureux de constater le fonctionnement à la Bourse du Travail de Toulouse d'une clinique pour accidentés du travail et ajoute que les Infirmiers doivent favoriser son développement de tout leur pouvoir.

Il demande aux Camarades de s'intéresser au projet de création d'un Hôpital pour accidentés de travail, qui serait dirigé par la Fédération. Dans une saisissante et chaleureuse péroraison, il fait voir à l'Assemblée la situation précaire du prolétariat et dépeint en termes poignants la vérité d'une existence où la souffrance physique et la détresse morale prennent la plus large part et qu'il importe de supprimer par une action continue et virile.

L'Assemblée, profondément pénétrée des paroles des orateurs qui se sont succédés à la tribune et remuée par l'éloquence de leurs accents, a marqué les principaux passages de leurs discours par des approbations unanimes et des applaudissements très nourris.

A l'issue de la réunion et sur la proposition du Camarade VALLENTIN, président de séance, l'ordre du jour suivant est mis aux voix et adopté à l'unanimité :

Les Camarades Toulousains, réunis à la Bourse du Travail le samedi 4 septembre 1909, sur convocation de la Fédération des Services de Santé, après avoir entendu les Camarades Peillod, de Lyon, Duval, Secrétaire de la Fédération, Chabert, de Toulon, Marty-Rolland, Secrétaire de la Bourse, et Merma, de Paris, dans la situation actuelle du Personnel infirmier, dans la propagande syndicale, fédérale et confédérale;

Considérant que la laïcisation des Services hospitaliers est une des premières revendications discutées au Congrès, qu'il y a lieu de mener une propagande incessante en ce sens ;

Estiment qu'il est du devoir des Camarades Toulousains de soutenir les Infirmiers qui luttent pour une situation meilleure ;

Décident de faire de la propagande individuelle dans leurs centres respectifs en demandant que les Administrations fassent le possible pour étudier les différentes questions posées par le Congrès ;

Déclarent que les malades, ouvriers pour la plupart, seront les premiers à en bénéficier ;

Se séparent aux cris de : « Vive l'organisation ouvrière, syndiquée, fédérée et confédérée ! »

Séance du 5 Septembre (matin)

La séance est ouverte à 8 heures du matin, sous la présidence du Camarade VALLENTIN, assisté de Mme OUSTRIC.

On passe aux QUESTIONS DIVERSES.

RAYNAL propose de choisir les dates des fêtes pour organiser les Congrès et cela afin que les Délégués puissent bénéficier de la durée de validité des billets de chemin de fer.

Permutation d'un Etablissement dans un autre de la même catégorie

RAYNAL fait la proposition suivante : que tout Infirmier puisse changer d'établissement sans pour cela perdre les droits et le classement qu'il aurait obtenus par ses états de services; il explique que l'Infirmier ne doit pas perdre le bénéfice du travail fait avant le changement et cela en vue de la retraite.

PEILLOD croit qu'il est dangereux d'adopter cette façon de voir et qu'elle est prématurée, quoique juste au point de vue social.

MERMA dit qu'il est avant tout nécessaire de s'inspirer des lois et règlements qui régissent les diverses catégories d'Hôpitaux et Asiles et que cette proposition aura quelque difficulté à aboutir; la permutation seule et telle qu'elle se pratique à Paris semble possible, mais il faudrait en la demandant spécifier que l'intéressé n'en usera que pour passer d'une catégorie dans une autre absolument semblable et régie par les mêmes règlements.

VALLENTIN fait ressortir qu'aux Asiles Nationaux le changement d'établissement n'implique pas la perte des droits à la retraite pour cette raison que celle-ci sera servie par la Caisse des vieillards, laquelle donne à ses adhérents un livret qu'ils conservent partout et qui a toujours la même valeur.

MICHELETTI se rallie à la proposition Raynal, mais il ne croit pas à l'efficacité de la mesure qu'il demande.

RAYNAL ajoute qu'au point de vue financier la question est aussi délicate. Il prend pour exemple la permutation d'un Camarade qui, ayant sept ans de services à Toulouse et touchant 40 francs, s'en va à Bordeaux où il n'est tenu aucun compte de ses services antérieurs et où il entre à 20 francs.

Il insiste sur ces faits et demande au Congrès d'examiner sa proposition.

MERMA dépose la motion suivante:

Le Congrès émet le vœu que les employés des Asiles, Hospices et Hôpitaux d'une même Administration Nationale, Départementale ou Communale, lorsqu'ils changent d'établissement, ne perdent aucun droit qu'ils auraient acquis, charge le Bureau de transmettre ce vœu aux Pouvoirs publics.

F. MERMA, Non Gradés de Paris.

Admission des Gradés à la Fédération

CHABERT demande des explications au Secrétaire fédéral, au sujet de l'admission à la Fédération du Syndicat des Gradés de Paris.

RAYNAL, à la suite de l'attitude hostile adoptée par le Syndicat de Toulouse vis-à-vis des Gradés et après leur élimination du Syndicat, désire aussi des explications et qu'une décision du Congrès sanctionne.

MERMA. — J'ai assisté pendant longtemps à la lutte des Gradés contre les Non Gradés, et que l'opposition des Gradés a été souvent préjudiciable pour les revendications des

Non Gradés; j'estime, au contraire, que l'organisation des Gradés complète celle des Non Gradés, non pas seulement au point de vue corporatif, mais aussi parce que les revendications des Gradés sont sensiblement les mêmes que celles des Non Gradés.

Nous ne violons pas les décisions du Congrès de Bourges, parce que les Gradés ne peuvent être considérés comme des contremaîtres; je demande donc que le Congrès prenne acte des conclusions favorables à l'admission des Gradés dans les Syndicats.

CHABERT. — Je constate avec satisfaction que la thèse soutenue par Merma est identique à la mienne; je demande que les Gradés soient admis dans les Syndicats, sous réserve qu'ils n'occuperont aucune fonction aux Bureaux.

DUVAL. — Pour ma part, je ne vois pas l'inconvénient qu'il y a, à ce que les Surveillantes et Surveillants soient exclus par exemple du Syndicat de Toulouse, les Gradés ici sont plutôt des Camarades que des chefs et je pense qu'il en est de même dans tous les établissements de province, et les Syndicats ont intérêt à les accepter, leur vitalité en découle pour la plupart. Il reste, bien entendu, des conventions que les organisations pourront régler d'un commun accord en cas de conflit entre un Infirmier et un Surveillant.

CAZES. — Je suis de l'avis du Camarade Duval, je crois aussi qu'il y a utilité à ce que l'on englobe les Gradés dans les Syndicats d'Infirmiers que nous créons surtout en province, moi-même et la Camarade Oustric, qui représentons ici le Syndicat d'Aix, nous sommes des Gradés et le Syndicat n'en marche pas plus mal pour cela.

BICHON. — Je fais la même remarque et je constate qu'à Bron c'est les Gradés les meilleurs syndiqués.

VALLENTIN. — Nous devions former une section autonome des Gradés à notre Syndicat, mais des cas imprévus l'ont fait momentanément échouer.

MICHELETTI. — Me basant sur les déclarations que viennent de dire les Camarades Délégués, je ne vois aucun empêchement à ce que les sœurs se syndiquent au même titre que les Gradés.

Le Congrès se prononce pour l'admission des Gradés dans les Syndicats.

Augmentation du traitement du Secrétaire fédéral

Les Camarades CONORD, MERMA et VALLENTIN déposent une motion relative à l'augmentation du traitement du Secrétaire fédéral ainsi conçue:

Le Congrès, estimant que le travail et la responsabilité incombant au Secrétaire fédéral, va toujours croissante par l'extension que prend la Fédération, décide d'augmenter la mensualité accordée jusqu'à ce jour au Secrétaire, laisse au Congrès le soin de fixer la somme.

VALLENTIN. — Je ferai remarquer qu'au début, lorsqu'on fixa le traitement du Secrétaire fédéral, la Fédération ne comptait que 9 Syndicats, aujourd'hui elle en compte 18, c'est-à-dire que la besogne qu'assume le Secrétaire est doublée de ce fait et, par conséquent, trop considérable pour qu'il n'en soit pas tenu compte, c'est pourquoi je demande l'augmentation du traitement du Secrétaire fédéral.

RAYNAL. — Du moment que la Fédération a doublé d'importance et de nombre il n'est que juste de doubler la mensualité du Secrétaire fédéral.

La motion. présentée par les Camarades Conord, Merma et Vallentin, est adoptée.

Il reste à fixer le taux de cette augmentation de traitement.

PEILLOD. — Nous pourrions laisser ce soin au Comité fédéral, qui est mieux placé que nous pour connaître dans deux mois la situation de la Caisse fédérale.

Le Congrès adopte la proposition Peillod.

Demi-tarif sur les Chemins de Fer

DEUTSCHER. — Je demande que la Fédération fasse le nécessaire pour obtenir des Pouvoirs publics le demi-tarif en chemin de fer.

RAYNAL fait ressortir les difficultés que cette démarche va susciter et, pour mieux que vous vous en donniez une idée, je vais vous donner lecture des lettres des différentes Compagnies de chemins de fer auxquelles j'avais écrit pour faciliter le voyage aux Congressistes.

PEILLOD. — Je crois qu'il vaut mieux laisser les organisations libres de faire ce que bon leur semblera à ce sujet, et qu'il n'est pas utile de revenir sur une question sans issue d'après l expérience même qui en a été faite précédemment, d'après la mauvaise volonté des Compagnies, et que le Congrès de Lyon a déjà tranchée.

DEUTSCHER. — J'ai l'honneur de déposer la motion suivante :

Le Congrès charge le Comité fédéral de faire reconnaître notre corporation d'utilité publique comme les Instituteurs et Institutrices et que le tarif réduit en chemin de fer soit accordé à notre corporation.

DEUTSCHER, de Marseille.

CHABERT. — Je demande la priorité pour l'ordre du jour pur et simple.

La motion du camarade Deutscher est adoptée. Celle de Chabert repoussée.

GRIGLIONE. — Je proteste contre l'ingérence dans les bureaux comme employés, des militaires retraités et cela au détriment du petit personnel, et à ce sujet, avec le Camarade Vallentin, nous déposons à nouveau la motion suivante :

Les Délégués, réunis au Congrès de Toulouse, protestent avec la dernière énergie contre le favoritisme et l'ingérance des anciens militaires retraités dans nos Administrations au détriment du petit personnel.

GRIGLIONE, VALLENTIN.

Cette motion est adoptée.

Cliniques pour accidentés du travail

CHABERT. — Je propose au Congrès de fournir aux Bourses du Travail un rapport concernant la création dans ces établissements de cliniques pour accidentés du travail, et à ce sujet je dépose la motion suivante :

Le Congrès décide que la Fédération et les Syndicats adhérents fassent une propagande intense pour la création dans leur localité de clinique pour accidentés du travail dépendant des Bourses ou Unions de Syndicats.

MERMA appuie la proposition du Camarade Chabert, et en passant, je vous citerai l'exemple du Dr Dupinet, qui, à Paris, a fondé une clinique pour accidentés du travail, je constate avec plaisir que Lyon et Toulouse ont suivi cet exemple et que ces services fonctionnent dans les Bourses de ces deux villes à la satisfaction de tous.

La motion du Camarade Chabert est adoptée.

Création d'un Hôpital pour accidentés du travail

MERMA. — J'ai l'honneur de déposer au Congrès, le projet d'Hôpital suivant :

Projet d'Hôpital pour Accidentés du Travail

Quand nous avons institué la Clinique de la Maison des Fédérations, 33, rue de la Grange-aux-Belles, avec l'appui des Syndicats Ouvriers, nous avions dans notre pensée une conception plus vaste de l'organisation des soins à donner aux blessés du travail, que ne semblait le comporter une œuvre aussi modeste d'apparence.

Nous désirions tout d'abord voir se créer dans Paris et dans les grands centres ouvriers de province des cliniques basées sur le même principe que la nôtre, c'est-à-dire sur l'entente entre Syndicats Ouvriers et Médecins ; nous voulions ensuite établir des rapports étroits entre les médecins de ces diverses cliniques pour ne pas laisser à des personnes incompétentes le souci d'une organisation générale de la chirurgie pour accidentés du travail. Enfin, nous espérions pour Paris, par les cliniques de Paris et de la banlieue, recruter suffisamment des blessés graves réclamant leur hospitalisation et faire construire un Hôpital pour accidentés du travail, appartenant aux organisations ouvrières elles-mêmes et plus tard vraisemblablement au Syndicat des Médecins de la Seine.

Mais nous savions qu'il ne faut pas aller trop vite ; les événements, en effet, ne veulent pas être dépassés, nous nous sommes donc adaptés à ces événements mêmes, et nous nous sommes efforcés d'en tirer parti dans la mesure où ils nous l'ont permis. Aujourd'hui, il ne nous paraît pas prématuré de travailler sérieusement à la réalisation d'un Hôpital spécialisé dans les soins à donner aux accidentés du travail, dans lequel les médecin traitants auront des rapports étroits avec les organisations ouvrières et où les assureurs pourront librement exercer tous leurs moyens de contrôle, soit dans la limite déjà prévue par la loi, soit dans des conditions à débattre entre les parties et librement acceptées par elles.

Il s'agit donc dès maintenant de répondre aux questions suivantes :

Peut-on faire construire un Hôpital pour accidentés du travail ?

Où peut-on trouver les fonds nécessaires pour cette construction ?

Pourrons-nous faire vivre cet Hôpital une fois construit ? Par quels moyens pourrons-nous le faire vivre ?

Au préalable, nous sommes obligés de faire une déclaration que les personnes de bonne foi voudront bien accepter, c'est que nous ne sommes nullement obligés de nous restreindre au terrain fixé par la loi dans la discussion de notre projet, que nous avons le droit de créer un droit nouveau, non reconnu par la loi, mais que les libres usages pourront consacrer.

Pour trouver les fonds nécessaires à la création de cet Hôpital, il faut tout d'abord s'adresser à ceux qui sont intéressés immédiatement à cette création, ensuite aux personnes qui pour des raisons quelconques sons susceptibles de s'intéresser aux questions d'assistance aux blessés. Les premières sont les ouvriers, les patrons ou leurs assureurs, la municipalité, l'Etat ; les autres sont des personnalités privées inquiètes de la santé et de l'hygiène publiques.

LES OUVRIERS

Les ouvriers blessés au cours du travail sont soignés à Paris par des médecins indépendants, par des médecins de Compagnies d'assurances dans des Cliniques d'assurances, dans des Cliniques organisées par des hommes d'affaires, à l'Hôpital. Parmi ces blessés, il faut remarquer qu'il y a des petits blessés et des gros blessés. Les petits blessés peuvent également recevoir d'excellents soins de toutes parts, mais les gros blessés, d'une façon générale et à quelques exceptions près, sont nécessairement dirigés à l'Hôpital et ne peuvent d'ailleurs être traités qu'à l'Hôpital. Or, l'Hôpital est fait pour les indigents, et il ne semble pas équitable de rendre responsable l'Assistance Publique des dettes des patrons et des assureurs.

Il me paraît encore injuste de léser les intérêts d'une fraction du corps chirurgical, de celle justement qui n'appartient pas à l'aristocratie de ce corps chirurgical, en laissant opérer gratuitement à l'Hôpital un blessé qui devrait être considéré comme un malade riche. Enfin, à l'Hôpital, les blessés du travail ne reçoivent pas les soins que nécessite leur état, parce qu'ils sont considérés comme des indigents. On oublie à l'Hôpital que la vraie guérison n'est pas seulement la guérison de la plaie ou de la fracture, mais la restitution intégrale de la fonction des organes ou des membres lésés. Cet oubli est d'ailleurs la conséquence même de l'organisation actuelle des Services de chirurgie dans les Hôpitaux de Paris. Avec des Services de chirurgie de 80 à 100 lits, comment veut-on qu'un chirurgien, si actif et si consciencieux soit-il, puisse s'occuper de chacun de ses malades, surtout si on considère qu'il faut adjoindre à ce travail de géant les exigences de la clientèle de ville, et pour les agrégés et les professeurs, les cours à préparer et à faire, les examens à faire passer, des articles ou des livres à écrire.

Donc les ouvriers seraient désireux d'être soignés dans un local où ils se sentiraient chez eux, en famille, et je crois savoir que les Syndicats ouvriers de l'Union des Syndicats de la Seine sont tout disposés à s'occuper de la création d'une Maison de Santé pour accidentés du travail. Je crois encore savoir que beaucoup d'entre eux feront appel à chaque membre cotisant ou qu'ils agiront directement par leur organisation même.

LES PATRONS ET LES ASSUREURS

Les patrons organisés en Syndicats professionnels de garanties, les Compagnies d'assurances anonymes savent parfaitement que les ouvriers blessés du travail sont sollicités par des hommes d'affaires qui démoralisent ces ouvriers ; mais ils oublient volontiers qu'ils sont les premiers coupables de ces faits par la pression qu'ils ont exercée, et qu'ils exercent trop souvent encore sur les ouvriers en les obligeant à se faire soigner par des médecins qui acceptent un prix de forfait toujours au-dessous des honoraires que comportent des soins éclairés et vigilants. Cette pression s'exerce directement et indirectement. Tantôt le patron donne congé à l'ouvrier qui n'a pas été chez le médecin auquel il l'a adressé, tantôt la Compagnie d'assurance refuse le demi-salaire de l'ouvrier et par toutes sortes de difficultés qu'elle lui crée, l'incite à se faire soigner au dispensaire qu'elle a créé, ou par le médecin de quartier qu'elle a choisi et qui lui a donné son adhésion. C'est ainsi que l'institution des médecins traitants des Compagnies a été la source vive de bien des divisions dont souffre le corps médical tout entier. Aussi l'esprit de la classe ouvrière ayant été éveillé et éclairé par les médecins indépendants et par les militants des Syndicats professionnels, il me paraît difficile pour les Compagnies d'assurances et pour les patrons de créer un Hôpital pour les accidentés du travail. Les ouvriers, en effet, chez lesquels on a semé la défiance, n'iront pas se faire traiter dans un tel Hôpital. Et pourtant cet Hôpital serait utile à tous. De même que les ouvriers ont intérêt à être bien soignés, de même que les patrons et les assureurs ont intérêt à ce que les ouvriers blessés soient rapidement guéris. L'indemnité temporaire et l'indemnité permanente diminuent quand les soins reçus sont de qualité supérieure et tous y trouvent un énorme bénéfice : les ouvriers, en récupérant plus rapidement et plus complètement leur capacité de travail, substituent plus vite leur salaire entier à un demi-salaire insuffisant pour l'entretien de leur famille ; les patrons, en reprenant plus tôt leurs employés dont l'absence prolongée nuit à la bonne exécution de leurs travaux et les retardent ; les assureurs, dont les frais d'indemnité pour demi-salaire et incapacité permanente diminuent sensiblement.

Mais, dira-t-on, quelles sont les garanties que la classe ouvrière donnera aux Compagnies d'assurances et aux patrons ?

La garantie est fort simple, c'est l'intérêt même des ouvriers, c'est le principe de toute œuvre utile qui non seulement a une tendance à persévérer dans l'Être, mais qui a aussi une tendance à s'améliorer dans le Temps.

L'ÉTAT

Le Ministère du Travail ne peut pas se désintéresser à notre avis de toute question aussi importante que celle consistant à chercher ce qu'il y a de commun dans les intérêts des ouvriers et leurs employeurs. Sans chercher à légitimer le rôle d'intermédiaire que joue l'Etat aujourd'hui, nous sommes bien obligés de constater ce rôle et de le canaliser du côté des moyens à mettre en œuvre pour réaliser notre projet. Or, quand il s'agit de la création d'un Hôpital ou d'une Œuvre d'assistance, il est de règle de leur attribuer certaines sommes des fonds provenant du Pari Mutuel. Nous pouvons considérer un Hôpital pour accidentés du travail comme une œuvre de bienfaisance et demander au Ministère du Travail d'appuyer notre demande auprès de la Commission nommée par le Ministère de l'Agriculture et s'occupant de la répartition des fonds provenant du Pari Mutuel.

LA MUNICIPALITÉ

Dans une circulaire récente, si j'ai bonne mémoire, M. Viviani a rappelé aux conseillers municipaux que les sommes allouées aux Bourses du Travail et aux Unions de Syndicats devraient être spécifiées désormais et attribuées aux divers services de ces organisations tels que : conseils juridiques, consultations médicales ou chirurgicales, etc. Nous voyons par là que, dans l'esprit du Ministre même, il est rationnel d'avoir recours au Conseil municipal dont les raisons d'agir sont les mêmes que celles de l'Etat.

LES PERSONNALITÉS PRIVÉES

Il est évident que nous nous réservons le droit de faire intervenir, dans la mesure où nous le pourrons, les personnes plus ou moins fortunées qu'intéressent les œuvres d'assistance aux blessés.

Nous voyons donc qu'il y a des intérêts multiples qui peuvent concourir à la création d'un Hôpital pour accidentés du travail. Ces intérêts communs des ouvriers, des patrons, des assureurs, de l'Etat, peuvent être groupés et nous servir de principe d'action

CE QUE SERA CET HOPITAL

Que doit-être cet Hôpital? Ce sera un Hôpital-Maison de Santé, de 30 à 40 lits environ, avec salles communes, salle d'isolement, salle d'opération, installation des rayons X, de salle d'hydrothérapie, de mécanothérapie, de massage. Il le faudra spécialement aménagé pour que tout traitement soit facilement et rapidement exécuté. Ainsi chaque lit où sera couché par exemple un blessé atteint de fracture de jambe, sera dans des dispositions telles que la radiographie du membre lésé sera un jeu d'enfant pour l'opérateur, sans qu'il soit besoin de déplacer le malade. Une prise d'électricité existera à chaque lit pour les besoins multiples de l'éclairage et des traitements divers.

Pour l'achat du terrain, la construction des bâtiments et l'aménagement des locaux, j'estime après en avoir parlé à plusieurs architectes qu'une somme de 300 à 350.000 francs sera largement suffisante.

Pour permettre à cet Hôpital de vivre, les assureurs devraient payer environ 7 fr. 50 à 8 francs par malade et par jour, pour les frais d'hospitalisation, pour les pansements et les massages. Actuellement, ils sont tenus de ne payer que 4 francs par jour pour frais d'hospitalisation, mais la loi ne spécifie pas si dans ces 4 francs sont compris ou non les soins médicaux ou chirurgicaux. Toutefois, je sais pertinemment que dans certaines Maisons de Santé, les assurances paient beaucoup plus que la somme de 4 francs par jour. Il faudrait simplement une entente à ce sujet avec le Président du Syndicat des Compagnies. En outre, les interventions chirurgicales et les radiographies seraient dues par les assureurs pour la rétribution du chirurgien. Tout cela, bien entendu, sans préjudice des indemnités de demi-salaire dues aux accidentés.

DU CHOIX DES CHIRURGIENS

Les chirurgiens seraient choisis par les organisations ouvrières en attendant qu'ils soient choisis par le Syndicat des médecins après entente avec les Syndicats ouvriers, c'est-à-dire par les blessés eux-mêmes, ou leurs représentants directs. Les assureurs auraient la possibilité de contrôler à leur convenance, en envoyant à l'Hôpital, soit un inspecteur, soit un médecin, selon les cas.

DU CONSEIL JUDICIAIRE

Les questions d'ordre juridique seraient traitées par les Secrétaires du Conseil judiciaire de l'Union des Syndicats des Ouvriers de la Seine, et par les avocats agréés par cette Union. Il serait à désirer que des rapports plus étroits et plus cordiaux s'établissent entre les assureurs et le Conseil judiciaire des Syndicats ouvriers. Dans une certaine mesure on substituerait ainsi à de la lutte, un peu de collaboration. Les assurances s'épargneraient ainsi des frais importants et les blessés ne subiraient plus les lenteurs d'une procédure qui deviendrait inutile.

A QUI SERAIT CET HOPITAL

Cet Hôpital appartiendrait à l'Union des Syndicats Ouvriers de la Seine. Je sais bien que dans la loi de 1884 il y a dans l'article 5 le paragraphe suivant :

« Ces Unions ne pourront posséder aucun immeuble, ni « ester en justice » Mais, au cours de l'article 6 je lis : « Les Syndicats professionnels ne pourront acquérir d'autres « immeubles que ceux qui seront nécessaires à leurs réunions, « à leur bibliothèque et à des Cours d'instruction profession- « nelle. »

Les Syndicats professionnels peuvent donc posséder des immeubles qui sont nécessaires au fonctionnement de leurs services. Or, un service médical prévu par M. Viviani lui-même est bien un fonctionnement exigeant un local. Il est donc facile, grâce au paragraphe 3 de l'article 6 de la loi de 1884 sur les Syndicats professionnels, de permettre à l'Union des Syndicats de la Seine de posséder un Hôpital pour accidentés du travail. Nous n'avons pas à envisager aujourd'hui la reprise possible, probable même de cet Hôpital par le Syndicat des médecins de la Seine.

Du fait que cet Hôpital appartiendra aux Syndicats ouvriers, les assureurs n'auront plus aucune crainte à redouter, car cet Hôpital sera un bien inaliénable, donnant par conséquent toutes les garanties d'un fonctionnement indéfini en vue duquel il aura été créé.

Docteur DUPINET.

P.-S. — D'après certains avis il serait préférable pour la réussite plus assurée de notre projet, de substituer dans la possession de l'Hôpital, à l'Union des Syndicats de la Seine, soit la Fédération des Services de Santé, soit une « œuvre » que nous ferions reconnaître d'utilité publique ; mais pour que le principe qui fut notre point de départ ne soit pas définitivement compromis, dans la composition des membres de cette « œuvre », nous ferions intervenir un certain nombre de Camarades de l'Union des Syndicats ou de la Fédération des Services de Santé.

MERMA. — Je ferai ressortir les avantages qui résulteraient de cette création pour le personnel des Hôpitaux et Asiles, les uns y trouveraient les soins et le bien-être nécessaires à leur existence qu'un accident quelconque peut bouleverser du jour au lendemain, les autres, en particulier les militants révoqués ou frappés pour des actes de syndicalisme, y trouveraient les moyens d'assurer la continuation de leur œuvre et le pain à leur famille.

CHABERT. — Le principe de l'organisation de cet Hôpital me convient d'autant plus que mon but est en quelque sorte la raison d'être de la Fédération ; pour celle-ci, en effet, la création d'un Hôpital est d'une importance capitale aussi bien que pour les syndiqués qui seraient obligés de chercher un refuge contre l'arbitraire administratif, que pour ceux qui, victimes d'un accident, seraient dans la nécessité de venir y chercher les soins dévoués et désintéressés. Je demande donc à tous ceux qui s'intéressent de l'avenir de la Fédération, de donner à celle-ci la haute main dans cette entreprise et de pousser par tous les moyens sa réalisation.

A ce sujet, les Camarades Chabert et Duval déposent la motion suivante :

Le Congrès est d'avis que la Fédération doit faire tout le possible pour la création d'un Hôpital d'accidentés du travail. Le Comité devra faire le nécessaire pour dresser un rapport en ce sens et le soumettre aux organisations adhérentes.

E. DUVAL, L. CHABERT.

La motion, déposée par les Camarades Duval et Chabert, est adoptée.

Des Statuts fédéraux

DUVAL. — Il faudrait que, lorsque des Camarades forment des Syndicats, dans les premières réunions, ils fassent comprendre qu'il est nécessaire de remplir les obligations exigées dans les Statuts et cela dès les premiers jours ; ces obligations sont spécifiées à l'article 4 des Statuts : adhésion à son Union de Syndicats ou Bourse du Travail, abonné à la *Voix du Peuple*.

Envisageant le prochain Congrès de la C. G. T. à Toulouse, les Camarades Duval et Merma déposent la motion suivante :

Le Congrès corporatif de la C. G. T. devant se tenir dans un an à Toulouse, le Congrès de la Fédération des Services de Santé engage les Syndicats y adhérents à se faire représenter au Congrès de Toulouse.

F. MERMA, E. DUVAL.

La motion présentée par les Camarades Duval et Merma est adoptée.

Attitude à observer vis-à-vis de la Fédération des Préparateurs en Pharmacie à la Confédération Générale du Travail.

CHABERT. — Je m'élève contre les prétentions de la Fédération des Préparateurs en Pharmacie qui ont l'intention de demander leur admission à la C. G. T., comme Fédération indépendante de la Fédération des Services de Santé, je propose au Congrès de donner mandat au délégué de la Fédération à la C. G. T. d'y combattre et d'y faire rejeter leur demande tant qu'ils n'auront pas fusionné avec la Fédération des Services de Santé qui est la leur.

PEILLOD. — Je ne puis que me rallier à la proposition de Chabert et faire remarquer que l'attitude du délégué de notre Fédération à la C. G. T. doit être nettement déterminée et intransigeante sur ce point.

DEUTSCHER se rallie à cette proposition et met le Congrès au courant du fait qui se passe à Marseille entre les Infirmiers de l'Asile Saint-Pierre et les Chambres Ouvrières des Bouches-du-Rhône.

La proposition de Chabert est adoptée.

RAYNAL. — Je viens de recevoir deux lettres de Camarades, la première du Camarade Bauch, Secrétaire du Syndicat de Saint Lizier, envoyant son salut fraternel aux Camarades Congressistes; la seconde, des Camarades Leroux et Bausch, de Paris, ainsi conçue:

> Aux Camarades Infirmiers délégués au Congrès de Toulouse,
>
> Les Camarades Leroux et Bausch, membres du Conseil syndical des Non Gradés de Paris, envoient leur salut fraternel aux Camarades délégués au Congrès de la Fédération des Services de Santé de France et des Colonies ; et les félicitent pour l'envoi du télégramme à la Conférence de l'Internationale Ouvrière, protestant contre la Guerre.

PEILLOD proteste contre le mauvais recrutement du personnel et la légèreté avec laquelle on y procède un peu partout, et je dépose la motion suivante, d'accord avec les Camarades Chabert et Duval:

> Le Congrès,
>
> Considérant que si la laïcisation n'a pas donné tous les résultats que l'on était en droit d'en attendre, la faute initiale en remonte aux différentes Administrations des Hospices, qui semblent prendre à plaisir de mal recruter leur personnel ;
>
> Proteste énergiquement à nouveau contre le mauvais recrutement du Personnel laïque dans les Hôpitaux, Hospices et Asiles.
>
> CHABERT, DUVAL, PEILLOD.

MICHELETTI. — J'appuie énergiquement cette motion parce qu'à Nice nous souffrons aussi de la façon dont le personnel est recruté.

VIGUIER. — Je me rallie à la motion présentée par les Camarades pour les mêmes raisons.

RAYNAL. — Je vous dirai qu'à Toulouse le recrutement du personnel est loin d'être pris au sérieux, et qu'il n'est pas rare de voir l'Administration embaucher des repris de justice et des trimardeurs qui portent atteinte à la mentalité du personnel.

La motion, présentée par Peillod, Duval et Chabert, est adoptée.

MERMA dépose la motion suivante:

> Le Congrès décide que toute organisation qui aura vu une question présentée par elle, inscrite à l'ordre du jour du Congrès, devra déposer un rapport sur ladite question.
>
> F. MERMA.

La motion présentée par le Camarade Merma est adoptée.

DUVAL. — J'ai l'honneur de vous communiquer deux lettres, une des Camarades de Cadillac, qui demandent leur adhésion à la Fédération et qui voudraient voir celle-ci ratifiée par le Congrès. Une seconde, des Asiles Nationaux qui présentent le Camarade Renaud comme Trésorier adjoint.

Le Congrès prend acte de ces deux lettres et renvoie au Bureau fédéral l'acceptation en principe des Camarades de Cadillac ; si les Statuts sont conformes, l'adhésion sera définitive.

MERMA et DUVAL déposent la motion suivante :

Le Congrès invite les organisations à déposer les mandats des délégués et adjoints au Comité fédéral aux organisateurs du Congrès, au moins 15 jours avant l'ouverture du dit Congrès.

MERMA. — Je demande en outre que cette proposition soit statutaire et qu'on en fasse une objection à l'article 7 des Statuts de la Fédération.

CHABERT se rallie à cette proposition.

La motion Duval-Merma et la proposition Merma sont adoptées.

PEILLOD. — J'ai l'honneur de déposer une proposition de remerciements aux Camarades du Syndicat de Toulouse pour l'accueil cordial qu'ils ont fait aux Congressistes.

Cette proposition ainsi conçue est signée de tous les délégués aux Congrès :

Les Congressistes, devant la magnifique réception qui leur a été faite à Toulouse, remercient chaleureusement ces Camarades et leur expriment la satisfaction qu'ils en emportent ;

Ils prient, en outre, tous les Camarades de Toulouse de recevoir leur salut fraternel.

PEILLOD, Lyon ; CHABERT, Toulon ; GRIGLIONE, Pierrefeu ; BICHON, Bron; DEUTSCHER, Marseille; VALLENTIN, Asiles Nationaux ; JAUBOURG, Fédération ; MICHELETTI, Nice ; CONORD, Asiles de la Seine ; VIGUIER, Montpellier ; MERMA, Non Gradés de Paris ; Mme OUSTRIC et CAZES, Aix ; NEYROLES, Carcassonne, DUVAL, Gradés de Paris, Asile de Saint-Lizier et Fédération.

RAYNAL. — Je reviens sur la demande d'admission à la Fédération des Camarades de Cadillac, leurs Statuts sont identiques aux nôtres et le Congrès peut très bien se prononcer.

DUVAL. — D'après les déclarations du Camarade Raynal, je propose aux délégués au Congrès de prendre la résolution suivante :

Le Congrès, se rapportant aux déclarations du Camarade Raynal, sur l'admission à la Fédération des Camarades de Cadillac, décide de les admettre à la Fédération.

RAYNAL. — Je dépose la motion suivante :

Le Congrès décide que les organisations devront adresser à l'avenir les rapports mensuels à leurs délégués respectifs, tout en avisant de ce fait le Secrétaire général de la Fédération. Elles devront, en outre, y joindre leur cahier de revendications.

RAYNAL.

Cette motion est adoptée à l'unanimité.

Le Congrès procède ensuite à l'élection du Bureau fédéral.

DUVAL. — Pour les raisons que j'ai données dans le Compte Rendu moral, je voudrais que l'élection du Bureau soit faite aussi clairement que possible et, à ce sujet, je dépose la motion suivante :

Je demande à ce que le vote soit fait par écrit et signé du délégué ; ce vote sera déposé au Président qui en donnera connaissance et le pointage se fera d'après la nomination faite par le Président de séance.

La motion du Camarade Duval est adoptée à l'unanimité.

Sont désignés aux différents postes de la Fédération, les Camarades Duval, Gaubert, au Secrétariat ; Merma et Elie, Secrétariat Adjoint ; Gaubert et M. Faucher. Trésorier ; Renaud, Trésorier Adjoint ; Conord, Archiviste.

Le Président de séance donne le résultat du vote.

ORGANISATIONS	SECRÉTAIRE	ADJOINT	TRÉSORIER	ADJOINT	ARCHIVISTE	DÉLÉGUÉS
Cadillac	DUVAL	VALLENTIN	FAUCHER	RENAUD	CONORD	RAYNAL
Toulon	DUVAL	ELIE	GAUBERT	RENAUD	CONORD	CHABERT
Non Gradés de Paris	DUVAL	VALLENTIN	GAUBERT	RENAUD	CONORD	MERMA
Asiles Nationaux	DUVAL	MERMA	GAUBERT	RENAUD	CONORD	VALLENTIN
Asiles de la Seine	DUVAL	VALLENTIN	GAUBERT	RENAUD	FAUCHER	CONORD
Asile de Bron	DUVAL	ELIE	GAUBERT	FAUCHER	CONORD	BICHON
Hospices de Lyon	DUVAL	ELIE	Abstention	RENAUD	CONORD	PEILLOD
Hospices de Toulouse	DUVAL	VALLENTIN	GAUBERT	RENAUD	CONORD	RAYNAL
Hospices de Montpellier	DUVAL	MERMA	GAUBERT	RENAUD	CONORD	VIGUIER
Hôpitaux de Nice	DUVAL	ELIE	GAUBERT	RENAUD	CONORD	MICHELETTI
Hôpitaux de Marseille	DUVAL	ELIE	GAUBERT	RENAUD	CONORD	DEUTSCHER
Asile de Pierrefeu	DUVAL	GAUBERT	ELIE	RENAUD	CONORD	GRIGLIONE
Hôpitaux de Carcassonne	DUVAL	MERMA	FAUCHER	RENAUD	CONORD	NEYROLES
Asile de Saint-Lizier	GAUBERT	MERMA	FAUCHER	RENAUD	Abstention	DUVAL
Gradés de Paris	GAUBERT	MERMA	RENAUD	FAUCHER	Abstention	DUVAL
Asile d'Aix	DUVAL	MERMA	GAUBERT	RENAUD	CONORD	CAZES et OUSTRIC

Ce qui donne comme résultat:

Secrétaire: DUVAL, 14; GAUBERT, 2 voix.

Adjoint: MERMA, 6; ELIE, 5; VALLENTIN, 4; GAUBERT, 1 voix.

Trésorier: GAUBERT, 10; FAUCHER, 3; RENAUD, ELIE, chacun une voix; une abstention.

Adjoint: RENAUD, 14; FAUCHER, 2 voix.

Archiviste: CONORD, 13; FAUCHER, 1 voix; 2 abstentions.

Sont donc élus au premier tour: DUVAL, *Secrétaire général;* GAUBERT, *Trésorier;* RENAUD, *Trésorier Adjoint;* CONORD, *Archiviste.*

Il y a ballottage pour l'emploi de *Secrétaire Adjoint.*

Avant le deuxième tour, le Camarade Chabert, qui avait posé la candidature d'Elie, la retire.

Le vote par appel nominal se porte donc sur MERMA, qui est élu.

Le Congrès vote à l'unanimité trois motions de remerciements:

La première à l'adresse des Camarades de la Bourse du Travail, pour la bonne organisation du Congrès et la franche cordialité avec laquelle ils ont accueilli les Congressistes;

La seconde à l'adresse de l'Administration des Hôpitaux, pour la cordiale réception qu'elle a faite aux délégués au cours de leur visite des Hospices;

La troisième aux journaux, le *Midi Socialiste* et la *Dépêche,* pour l'hospitalité qu'ils ont donnée dans leurs colonnes aux Comptes Rendus du Congrès.

Le Président déclare le troisième Congrès Corporatif clos.

Le Secrétaire général,

Eugène DUVAL.

Fédération des Services de Santé de France et des Colonies

STATUTS

Préambule

Prenant pour base l'union et la solidarité, devant réunir dans un même faisceau tous les Syndicats et ayant pour but l'affranchissement des travailleurs par les travailleurs eux-mêmes.

Considérant que tous les efforts faits jusqu'ici par les travailleurs pour conquérir leur émancipation ont échoué faute de solidarité et aussi par suite du nombre de Syndicats qui divisent toutes les forces ouvrières de France.

Que le salarié isolé ne saurait prétendre se défendre avec efficacité contre la cupidité patronale.

Considérant que la corporation Hospitalière ne peut rester dans l'isolement sans porter un préjudice grave à ses intérêts.

Une Fédération, ayant pour but d'établir un lien fraternel entre tous les travailleurs d'un salaire proportionné aux besoins de l'existence de ses Membres et établira une correspondance régulière avec tous les centres hospitaliers de France et des Colonies.

TITRE 1

Constitution de la Fédération

ART. 1er. — Le siège de la Fédération est fixé à Paris.

ART. 2. — Il est formé entre tous les Syndicats qui adhéreront aux présents Statuts, une Fédération qui a pour titre : **Fédération des Services de Santé de France et des Colonies.**

But de la Fédération

ART. 3. — Son but est d'arriver à l'affranchissement de tous ceux qui travaillent, afin de soutenir plus efficacement la lutte des intérêts des exploités contre les intérêts des exploiteurs ; d'élever le prestige et l'énergie de la corporation, d'empêcher la baisse des salaires, les améliorer partout où cela est nécessaire, ainsi que les conditions du travail.

De resserrer les liens de fraternité et de solidarité qui existent déjà dans les grandes familles des travailleurs.

Enfin, la Fédération devra aussi s'occuper de toutes les questions capables d'élever le niveau moral et intellectuel de ses Membres, pour que ceux-ci obtiennent leurs droits pour la pratique de leurs devoirs.

Adhésions et Radiations

Art. 4. — Est accepté comme adhérent à la Fédération, tout Syndicat de personnel appartenant aux Hôpitaux, Hospices et Asiles des Services de Santé de France et des Colonies, et tous ceux qui contribuent à la santé publique. Exception faite des Médecins, Sages-Femmes et Pharmaciens.

L'obligation est faite à tous les Syndicats faisant la demande d'adhésion à la Fédération de remplir toutes les conditions confédérales, c'est-à-dire admission à Union locale ou Bourse du Travail, confédérée, abonnée à la **Voix du Peuple.**

En cas de conflit d'un Syndicat avec une Bourse du Travail, le Comité fédéral mettra en demeure le Comité Confédéral de solutionner le conflit au plus tôt.

Tout Syndicat adhérent à la Fédération conservera son entière autonomie en ce qui concerne sa gestion intérieure ; tout Syndicat qui désirerait faire partie de la Fédération devra déposer une acceptation déclarant qu'il a pris connaissance des présents Statuts ; elle devra être revêtue du timbre du Syndicat ainsi que de la signature du Secrétaire, et on devra y joindre un extrait du procès-verbal de l'Assemblée qui a pris cette délibération.

Il sera perçu, comme droit d'entrée, la somme de 3 francs par Syndicat.

Art. 5. — La Fédération reste maîtresse de la non-admission d'un Syndicat.

Tout retard de paiement de trois mois de cotisations entraîne de plein droit la suppression du Syndicat.

La radiation ou l'exclusion ne pourra être ordonnée que par le Congrès suivant, et après audition des délégués du Syndicat intéressé ; au cas où le Congrès serait à une date trop éloignée, il serait procédé par voie de referendum.

Dans le cas de démission ou de radiation, les fonds versés par les Syndicats restent acquis à la Fédération.

Cotisations

Art. 6. — Chaque Syndicat devra s'acquitter d'une cotisation de 0 fr. 10 centimes par mois et par Membre ; chaque adhérent a droit à la gratuité du journal fédéral.

Les Syndicats doivent, du 1er au 15 de chaque mois, envoyer leurs cotisations du mois écoulé, en se basant sur le nombre de cotisations perçues au cours de ce même mois. **Tout retard** entraînera l'application de l'article 5.

Conseil d'Administration

Art. 7. — La Fédération est administrée par un Conseil fédéral composé de un Membre titulaire et un Membre suppléant par Syndicat adhérent ; les Syndicats de province pourront désigner un Camarade de leur connaissance pour les représenter au Conseil fédéral ; pour les Syndicats auxquels ce choix serait impossible, faute d'éléments connus par eux à Paris, un Camarade pouvant avantageusement remplir ce mandat, connaissant le mouvement syndical, syndiqué depuis un an et ayant accompli son devoir, leur sera soumis avec, comme garantie, l'attestation des Secrétaires des Syndicats adhérents dont le siège est à Paris.

En aucun cas, un délégué ne peut être titulaire de plus de deux mandats.

Ainsi constitué, le Conseil fédéral sera renouvelable à la fin de chaque année de mandat, ses Membres sont rééligibles et devront ainsi être soumis à une nouvelle ratification des Syndicats.

Les Syndicats adhérents doivent déposer les mandats des délégués et adjoints au Comité fédéral, aux organisateurs du Congrès au moins 15 jours avant l'ouverture du Congrès.

Le Bureau fédéral, composé d'un Secrétaire, d'un Adjoint, d'un Trésorier, d'un Adjoint, d'un Archiviste, est nommé en Congrès ; la durée du mandat d'un de ses Membres est valable d'un Congrès à l'autre.

ART. 8. — En principe, toute fonction administrative est gratuite ; les Membres recevront seulement à chaque présence aux réunions, une indemnité de 0 fr. 75 pour frais de déplacement dans Paris et de 1 fr. 50 hors Paris.

Le Secrétaire, dont les fonctions occasionnent une perte de temps assez importante ou des déplacements, sera indemnisé d'une somme de 40 francs par mois et le Trésorier, de la moitié de la somme pour responsabilités.

Attributions du Comité Fédéral

ART. 9. — Le Comité fédéral doit se réunir au moins une fois par mois.

Il nommera son Président à chaque séance. Il a pour mission la gestion, la surveillance et la sauvegarde de tous les intérêts de la Fédération.

Il surveillera le travail du Secrétaire, du Trésorier et des délégués mandatés par lui. Il a tout contrôle sur les actes du Trésorier, lequel ne peut faire de placements, de déplacements de fonds ou toute autre opération sans son autorisation.

Commission de Contrôle

ART. 10. — La Commission de Contrôle est composée de un Membre par Syndicat de la Seine qui seront pris en dehors du Comité fédéral ; la durée du mandat est d'une année.

Elle aura dans ses attributions l'examen de la comptabilité en général et rédigera un compte rendu semestriel qui sera joint au compte rendu financier envoyé aux Syndicats tous les six mois par les soins du Comité.

Congrès

ART. 11. — A chaque session, le Congrès fixera l'année et le lieu de sa prochaine réunion ; la date sera fixée par le Comité fédéral.

Tout Syndicat adhérent aura la faculté de se faire représenter par quelque Membre que ce soit appartenant à la Fédération ; les Syndicats sont tenus de se faire représenter, leur absence est considérée comme un acquiescement aux votes du Congrès.

Le Comité fédéral est chargé de prévenir les Syndicats adhérents, trois mois avant la réunion du Congrès, qu'ils devront faire parvenir les questions à soumettre au Congrès, afin qu'elles soient examinées pour fixer l'ordre du jour ; toutes les questions à l'ordre du jour seront arrêtées deux mois à l'avance et soumises aux Syndicats, qui devront faire une étude sur toutes les questions.

Dispositions Générales

Art. 12. — En cas de litige entre le Syndicat et l'Administration, le Conseil fédéral devra user de tous les moyens en son pouvoir pour solutionner les cas qui lui seront soumis, au mieux des intérêts mis en cause.

Si le conflit s'aggravait, le Conseil fédéral en informerait tous les Syndicats adhérents.

Art. 13. — La Fédération sera chargée de la propagande à faire auprès des Asiles, Hôpitaux et Hospices non fédérés ou non syndiqués, de façon à faciliter leur formation et leur adhésion à la Fédération.

Art. 14. — Un Conseil judiciaire, chargé de défendre les intérêts des fédérés, est institué.

Art. 15. — Les présents Statuts ne seront perfectibles et revisibles que par les Congrès nationaux. Tout Syndicat adhérent s'engage à respecter les présents Statuts et à mettre en application toutes les décisions prises par le Comité fédéral, et à apporter toute son énergie à l'intérêt général.

Art. 16. — La Fédération ne pourra être discutée qu'après un vote affirmatif dans un Congrès où seront représentés les trois quarts des Syndicats adhérents à la Fédération. Les fonds et les archives seront déposés à la Confédération Générale du Travail.

Les présents Statuts ont été adoptés au Congrès tenu à Toulouse les 1, 2, 3, 4 et 5 septembre 1906.

Lisez tous

l'Ouvrier Sanitaire

Organe de la Fédération des Services de Santé

(France et Colonies)

L'ACTION

Organe des Non Gradés des Hôpitaux de Paris

Faites lire

LA VOIX DU PEUPLE

Organe Confédéral

www.ingramcontent.com/pod-product-compliance
Ingram Content Group UK Ltd.
Pitfield, Milton Keynes, MK11 3LW, UK
UKHW012050240726
13965UKWH00003B/1186